新疆特色的轨道交通类专业教学体系研究课题成果

Guidao Jiaotong Chezhan Jidian Shebei Weihu
轨道交通车站机电设备维护

主　编　刘焕海　叶剑锋
副主编　秦文斌　阿斯耶姆
主　审　惠鹏程［乌鲁木齐城市轨道集团有限公司］
　　　　段明社［新疆交通职业技术学院］

人民交通出版社股份有限公司
China Communications Press Co.,Ltd.

内 容 提 要

本书是轨道交通机电技术专业核心课程教材,介绍了轨道交通车站机电设备各个系统的结构构成、常用操作、检修、维护及故障处理等知识和操作技能,涵盖了自动售检票系统、乘客信息系统、出入口控制系统、低压配电及照明系统、给排水系统、暖通空调系统、火灾报警系统、环境与设备监控系统 8 个项目。

本书可作为职业教育轨道交通机电技术专业教材,亦可供从事轨道交通站务、乘务、机电维修等技术或管理人员参考。

图书在版编目(CIP)数据

轨道交通车站机电设备维护／刘焕海,叶剑锋主编.—北京:人民交通出版社股份有限公司,2016.7

新疆特色的轨道交通类专业教学体系研究课题成果

ISBN 978-7-114-13236-0

Ⅰ.①轨… Ⅱ.①刘… ②叶… Ⅲ.①城市铁路—车站设备—机电设备—维修—职业教育—教材 Ⅳ.①U239.5

中国版本图书馆 CIP 数据核字(2016)第 180008 号

新疆特色的轨道交通类专业教学体系研究课题成果

书　　名:	轨道交通车站机电设备维护
著 作 者:	刘焕海　叶剑锋
责任编辑:	司昌静　钱　堃　王景景
出版发行:	人民交通出版社股份有限公司
地　　址:	(100011)北京市朝阳区安定门外外馆斜街 3 号
网　　址:	http://www.ccpress.com.cn
销售电话:	(010)59757973
总 经 销:	人民交通出版社股份有限公司发行部
经　　销:	各地新华书店
印　　刷:	北京鑫正大印刷有限公司
开　　本:	787×1092　1/16
印　　张:	10.25
字　　数:	248 千
版　　次:	2016 年 8 月　第 1 版
印　　次:	2019 年 7 月　第 3 次印刷
书　　号:	ISBN 978-7-114-13236-0
定　　价:	31.00 元

(有印刷、装订质量问题的图书由本公司负责调换)

序 PREFACE

2011年11月26日，乌鲁木齐地铁正式得到国家发展改革委的批复，乌鲁木齐市步入轨道交通时代，掀开了地铁建设的热潮。为了适应市场需求，新疆交通职业技术学院于2008年申报开办电气化铁道技术专业，经过多年努力，形成了集轨道交通工程、机电、信号、运营为一体的技能型人才培养格局，与乌鲁木齐城市轨道集团有限公司签订订单培养300多人，在各地铁路部门就业200余人，轨道交通人才培养呈现良好的发展态势。

新专业的开办面临的是人才培养方案的修订、师资队伍的培养、实验实训条件的建设等一系列专业建设问题。为解决好这些问题，本人带领轨道交通专业教学团队，向新疆维吾尔自治区交通运输厅申报了《新疆特色的轨道交通类专业教学体系研究》科技重点课题，在自治区交通运输厅的大力支持下，于2013年7月正式开展相关研究。研究团队先后前往北京地铁、南京地铁、广州地铁等企业进行调研，在广东交通职业技术学院、北京交通运输职业学院、南京铁道职业技术学院等兄弟院校进行了人才培养方案论证和师资培养交流，进而形成了专业人才培养方案和课程标准，以期指导专业建设，同时形成了《城市轨道交通信号系统维护》等部分特色教材，用于相关专业的教学。现将相关成果进行集中出版，以期能够在更广的范围内得到应用，更是启发后续相关专业建设的关键。

课题研究得到了乌鲁木齐城市轨道集团有限公司的大力支持以及相关企业和兄弟院校的帮助，在此表示诚挚感谢。南京铁道职业技术学院林瑜筠教授，北京交通大学毛宝华教授，广东交通职业技术学院王劲松教授、吴晶教授、黎新华教授，乌鲁木齐城市轨道集团有限公司的徐平、邓超等专家给予了指导和支持，人民交通出版社股份有限公司相关编辑、课题团队成员为系列成果出版做了大量工作，在此一并致谢。

二〇一六年五月

前言
FOREWORD

《轨道交通车站机电设备维护》是轨道交通机电技术专业核心课程教材,介绍了轨道交通车站机电设备各个系统的结构构成、常用操作、检修、维护及故障处理等知识和操作技能。

本教材涵盖了8个项目:自动售检票系统(AFC)、乘客信息系统(PIS)、出入口控制系统(ACS)、低压配电及照明系统、给排水系统、暖通空调系统、火灾报警系统(FAS)、环境与设备监控系统(BAS)。参与本书编写工作的有:新疆交通职业技术学院刘焕海(编写项目1、2、3),叶剑锋(编写项目4、5、6),秦文斌(编写项目7),阿斯耶姆(编写项目8)。

本书可作为职业教育城市轨道交通机电技术专业教材,亦可供从事城市轨道交通站务、乘务、机电维修等技术或管理人员参考。

在本书编写过程中,编者借助高等职业学校专业骨干教师国家级培训项目,在广州高铁站一线工作两个月,得到了湖南铁路联创技术发展中心、广州铁路职业技术学院的支持,收获了许多宝贵的经验,同时参考了部分同类教材、教学参考书及专业工具书,在此向有关作者致谢。由于编者水平有限,书中难免有不足之处,恳请广大读者批评指正。

作 者
二〇一六年五月

概述 ………………………………………………………………………………… 1

项目 1　自动售检票（AFC）系统 …………………………………………… 2

模块 1　自动售票机（TVM）的操作与维护 …………………………………… 4
　　一、TVM 常用操作 …………………………………………………………… 5
　　二、TVM 日常维护 …………………………………………………………… 17
　　三、TVM 常见故障处理 ……………………………………………………… 18

模块 2　半自动售票机（BOM）的操作与维护 ………………………………… 20
　　一、BOM 常用操作 …………………………………………………………… 21
　　二、BOM 日常维护 …………………………………………………………… 27
　　三、BOM 常见故障处理 ……………………………………………………… 27

模块 3　自动检票机（AG）的操作与维护 ……………………………………… 29
　　一、AG 常用操作 ……………………………………………………………… 32
　　二、AG 日常维护 ……………………………………………………………… 36
　　三、AG 常见故障处理 ………………………………………………………… 42

模块 4　自动查询机（TCM）的操作与维护 …………………………………… 44
　　一、TCM 常用操作 …………………………………………………………… 45
　　二、TCM 日常维护 …………………………………………………………… 45
　　三、TCM 常见故障处理 ……………………………………………………… 45

项目 2　乘客信息系统（PIS） ……………………………………………… 48
　　一、PIS 常用操作 ……………………………………………………………… 52
　　二、PIS 日常维护 ……………………………………………………………… 52
　　三、PIS 常见故障处理 ………………………………………………………… 54

项目 3　出入口控制系统（ACS） …………………………………………… 60

模块 1　屏蔽门/安全门系统的操作与维护 …………………………………… 60
　　一、屏蔽门常用操作 …………………………………………………………… 64
　　二、屏蔽门日常维护 …………………………………………………………… 66
　　三、屏蔽门常见故障处理 ……………………………………………………… 67

模块2　安检系统的操作与维护 ·· 70
　　　一、安检仪常用操作 ·· 74
　　　二、安检仪的日常维护 ··· 76
　　　三、安检仪常见故障处理 ·· 77

项目4　低压配电及照明系统 ··· 81
　　模块1　低压配电系统的操作与维护 ··· 81
　　　一、低压配电系统常用操作 ··· 83
　　　二、低压配电系统日常维护 ··· 84
　　　三、低压配电装置常见故障处理 ·· 85
　　模块2　照明系统的操作与维护 ·· 87
　　　一、照明系统常用操作 ··· 89
　　　二、照明系统日常维护 ··· 89
　　　三、照明系统常见故障处理 ··· 90

项目5　给排水系统 ·· 96
　　　一、给排水系统常用操作 ··· 100
　　　二、给排水系统日常维护 ··· 100
　　　三、给排水系统常见故障处理 ·· 104

项目6　暖通空调系统 ·· 109
　　　一、暖通空调系统常用操作 ··· 113
　　　二、暖通空调系统日常维护 ··· 115
　　　三、暖通空调系统常见故障处理 ·· 115

项目7　火灾报警系统（FAS） ··· 121
　　　一、FAS常用操作 ··· 127
　　　二、FAS日常维护 ··· 131
　　　三、FAS常见故障处理 ·· 132

项目8　环境与设备监控系统（BAS） ·· 138
　　　一、BAS常用操作 ··· 146
　　　二、BAS日常维护 ··· 146
　　　三、BAS常见故障处理 ·· 147

参考文献 ··· 154

概　述

城市轨道交通车站是乘客候车、上下列车及列车停靠的场所。车站设计需贯彻以人为本的思想，解决好通风、照明、卫生等问题，以提供乘客安全、快捷和舒适的乘降环境。

根据《城市轨道交通技术规范》(GB 50490——2009)的相关内容，城市轨道交通具有地上建筑、地下建筑、地下区间、隧道和地面及高架区间等多种建筑型式。城市轨道机电设备包括供电系统、通信系统、通风系统、空调与采暖系统、火灾自动报警系统、环境与设备监控系统、自动售检票系统、自动扶梯与电梯和屏蔽门等。车站在设计时应设置通风、空调与采暖对系统内部的空气环境进行控制，满足人员和设备运转对内部空气环境的温度、湿度、气流速度、气流组织和空气质量等的要求，并控制通风、空调与采暖系统自身的设备在运行时所产生的噪声在允许的标准之内。

《城市轨道交通工程项目建设标准》(建标 104——2008)指出，轨道交通机电设备应选择技术成熟、安全可靠、节能高效、环保卫生、维修简便的产品。车站售检票宜选择自动售检票的管理模式，车票为系统信息载体，宜采用 IC 卡，同时自动检票机应具备紧急疏散模式。车站监控的运营设备，如采暖通风、空调、给排水、防灾报警、自动扶梯、电梯、广播、照明、自动售检票等机电设备，以及有关自动控制设备，应按运营模式选定。轨道交通设备运转的监控系统包括火灾自动报警系统(FAS)、环境与设备监控系统(BAS)等，均应以功能需要、经济实用为原则配置相关设施，并以全线装备的整体水平均衡进行选择。

城市轨道交通车站机电设备系统主要包括自动售检票(AFC)系统、乘客信息系统(PIS)、出入口控制系统(ACS)、低压配电及照明系统、给排水系统、暖通空调系统、火灾报警系统、环境与设备监控系统(BAS)，如图 0-1 所示。

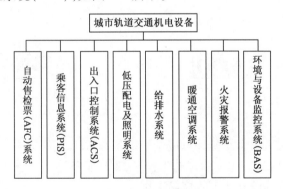

图 0-1　城市轨道交通车站机电设备

项目1　自动售检票(AFC)系统

> **导入**
>
> 自动售检票(Automatic Fare Collection,简称 AFC)系统,是以磁卡(纸制磁卡和 PET 磁卡)或智能卡(非接触式 IC 卡)为车票介质,利用自动售票机、半自动售/补票机、自动检票机、查询机等终端设备,并通过计算机网络实现轨道交通运营中的自动售票、自动检票、自动收费、自动统计的封闭式票务管理自动化系统。

知识储备

1. 系统层次

以新疆交通职业技术学院城市轨道交通实训室为例,AFC 系统主要分为三个层次:车站计算机系统层、车站终端设备层、票卡应用层。车站计算机系统层负责监控与其相连接的车站终端设备的状态和对控制车站终端设备的控制;车站终端设备层负责通过接收和分析票卡应用层介质的信息,控制终端设备的通行动作;票卡应用层包含单程票和储值票。如图 1-1 所示。

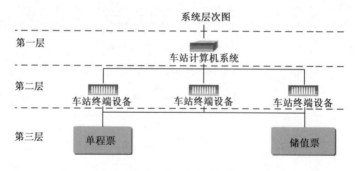

图 1-1　AFC 系统层次图

2. 系统构成

AFC 系统实训系统主要由车站计算机系统设备和 AFC 系统终端设备组成。

(1)车站计算机系统设备主要由车站工作站、车站服务器、交换机等组成,主要完成数据记录统计、数据核算、终端设备状态监控等工作。

(2)AFC 系统终端设备主要包括进站检票机、出站检票机、半自动售票机。主要完成售票、进站通行检测、出站通行检测、补票和验票等工作。

3. 系统主要功能

(1)实现中央系统、车站系统和终端设备之间的数据传输和处理。

(2)完成车票制作、售票、检票、票务统计分析等工作。

(3)及时、准确地进行客流、票务数据的收集、整理、汇总和分析。

(4)实现轨道交通收益方的清分结算以及与关联系统等外部接口之间的清分结算,同时可通过银行或金融机构实现账务划拨。

4. AFC系统的终端设备

AFC的终端设备包括:自动售票机(TVM)、半自动售票机(BOM)、自动检票机(AG)、便携式检票机(PTCM)、自动查询机(TCM)。

5. 车票

(1)票卡种类按照发行方不同:轨道交通专用票和一卡通储值卡。

(2)票卡种类按照出站时回收方式不同:回收类车票和非回收类车票。

回收类车票(薄卡)包括:单程票、出站票、福利票、其他预留票(带行李单程票,往返票)。

非回收类车票(厚卡)包括:一卡通储值卡、纪念票、车站工作票、员工卡、其他预留票(一日票,区段票,计次纪念票,定期纪念票)。

票卡种类如表1-1所示。

票 卡 种 类　　　　　　　　　表1-1

票卡定义		票卡特点
轨道交通专用票卡	单程票	由乘客直接购买,只能进出闸一次,出闸回收
	出站票	在特殊情况下,如丢失单程票、单程票损坏等,由工作人员处理后发给乘客,用于当站出闸的票卡
	定值票	乘客一次购买,可以多次进出闸。定值额票卡钱包值上限确定,用完钱包后可充值
	优惠票	和定值票类似,但票价会有优惠,只能发售给特定范围内的乘客
	免费票	发售给特定乘客,如老年人、残疾人等,每次乘车都免费
	乘次票	乘客一次购买,可以进出闸特定次数。乘客乘车只算次数,不算票价
	纪念票	为了纪念特定事件而特别发行的定值票。票卡图案特制,一般不能充值。其他和定值票一致
	员工票	由轨道交通运营公司员工使用的票卡。由于员工与乘客有本质的区别,一般员工票都有特殊的进出闸需求
	测试票	专门为轨道交通AFC系统测试而发行的票卡。只能由内部测试人员在测试时使用
	限时票	购买后在规定时间内可以任意乘坐列车的票卡
	备用票种	为了轨道交通业务扩展需要,根据乘客使用需求,要准备多种备用票种,以备随时根据情况投入使用,如:多日票、月票等
非轨道交通专用票卡	公交卡	可以在轨道交通AFC系统内使用

模块 1 自动售票机(TVM)的操作与维护

> **导入**
>
> 自动售票机系统由微电脑控制,功能强大,设置灵活,稳定性高;具有二维条码打印/激活、感应卡识别、打印票据、银行卡识别、密码键盘等设备;触摸屏液晶界面可设多级菜单;可以显示窗口名称及公告等内容,打印内容可灵活编辑修改;报表实时统计,可生成各种统计报表。

 教学目标及建议学时

1. 熟悉自动售票机的操作界面及有关功能。
2. 能够进行日常更换票箱、钱箱的操作。
3. 掌握常见故障处理。

建议学时:6 学时,实操。

 知识储备

自动售票机(TVM)位于非付费区,负责出售非接触式 IC 卡单程车票和对一卡通进行充值等工作。

自动售票机(TVM)主要部件包括:UPS、工控机、乘客显示器、纸币识别系统、硬币识别找零系统、方卡售票系统、维护操作单元等。

自动售票机(TVM)外部结构如图 1-2 所示。TVM 内部结构如图 1-3 所示。站台布置情况如图 1-4 所示。

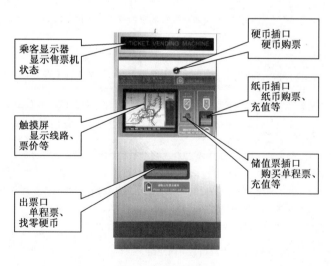

图 1-2 TVM 外部结构

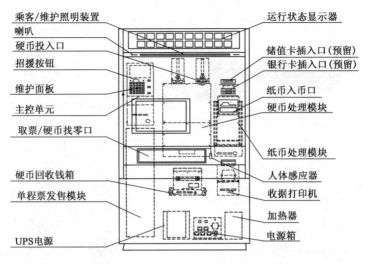

图1-3 TVM内部结构

图1-4 站厅布置情况

一、TVM常用操作

(一)TVM乘客操作

自动售票机(TVM)软件支持乘客通过触摸屏对自动售票机进行购票操作,购票操作分为两种,分别是按线路购票和按金额购票。

1.按线路购票

(1)自动售票机系统主界面(图1-5),该界面中间显示的总线路图作为乘客选择目的站点的参考依据,乘客在该图中查看到需要到达的目的车站后,在下方选择该车站所属线路按钮,系统自动进入车站选择界面。

(2)车站选择界面(图1-6)。该界面中显示当前所选线路下所有车站按钮图,乘客点击需要到达的目的车站按钮,系统自动进入付费界面。

(3)付费界面(图1-7)。该界面中显示目标车站、票价、售票张数等售票信息。

若乘客需要一次性购买多张票,则在右方选择需要购买的数量,目前最多可一次性购买9张。当乘客点击"确认"按钮后(图1-8),系统启动入钞机,乘客可做两种操作:

乘客根据提示在入钞口投入纸币,根据乘客的操作,界面实时显示实收和找零金额。当乘客投入纸币大于等于应付金额时,机器自动进行相应的出票和找零操作。

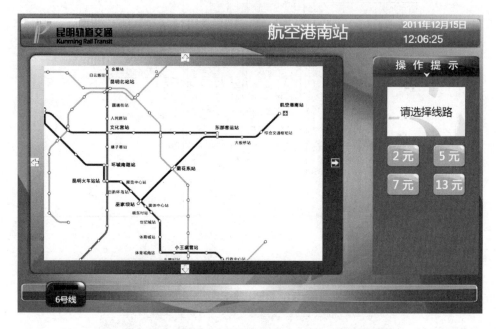

图1-5 自动售票机系统主界面

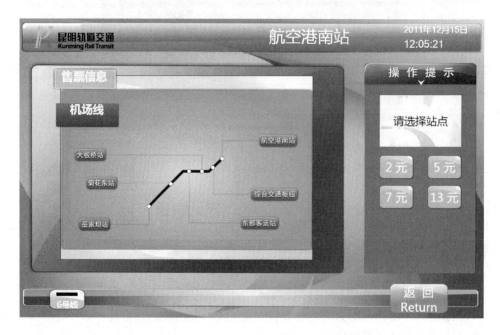

图1-6 车站选择界面

若乘客在投币过程中想放弃购票,则点击"返回"按钮,系统自动退还乘客已投入的纸币,并返回到上一级菜单。

2. 按金额购票

该方式适用于熟悉目的车站票价的乘客,为乘客节约了选择站点的时间。

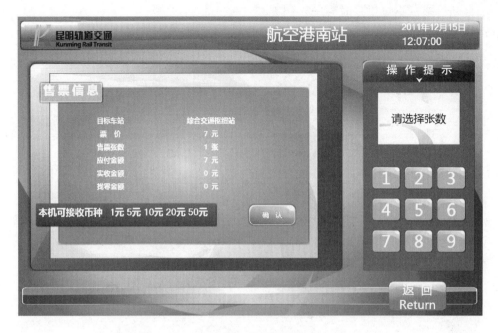

图 1-7　付费界面

图 1-8　乘客选择购买车票张数后的显示界面

乘客在主界面中的右方选择所要到达的目的车站的票价按钮（图 1-5）。

票价按钮被点击后，系统直接进入付费界面，操作方法与按线路购票时付费界面的操作方法相同。

3. 找零不足、无找零模式

自动售票机具有找零不足和无找零两种模式。

当自动售票机不可找零时会进入到无找零模式,乘客在购买车票时会在乘客显示屏右方进行相关提示(图1-9)。在状态显示屏上提示"本机暂不支持零钱找补"。

图1-9　无找零提示界面

若乘客没注意到乘客显示屏右方的提示投入纸币需要找零时,交易会自动取消,退还乘客投入的纸币并在乘客显示屏的正下方说明购票失败的原因(图1-10)。

图1-10　无找零交易取消界面

当乘客购买车票且自动售票机找零不足时,则自动退还乘客投入的纸币取消交易,并在乘客显示屏的正下方说明购票失败的原因(图1-11)。

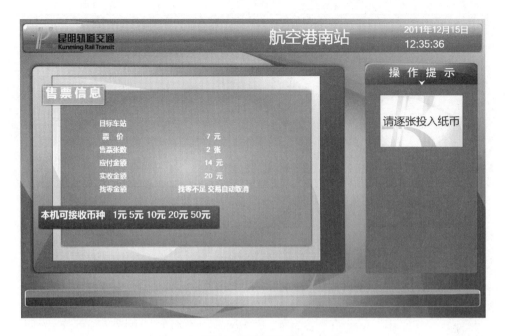

图1-11 找零不足界面

4. 系统维护界面

当出现以下3种情况时,系统自动切换到维护界面,显示屏显示"暂停服务"(图1-12),此时乘客不能再进行正常购票操作。

(1)设备维护:如自动售票机门被打开,运营人员更换钱箱、票箱等操作。

(2)设备故障:如纸币机卡钞、车站系统下发参数接收失败等。

(3)运营维护:票箱票不足、钱箱已满、车站下发暂停服务命令等。

5. 注意事项

自动售票机目前支持的纸币张数上限是15张。

买票:若乘客需购买16元的票并投入16张一元的纸币,当投入第16张纸币时自动售票机自动取消交易,退还乘客投入的纸币,并在屏幕中显示:纸币张数超过上限,交易取消。

找零:若需找零16元,且纸币循环找零模块内只有1元的纸币时,自动售票机将自动取消交易,退还乘客投入的纸币,并在屏幕中显示:纸币找零张数超过上限,交易取消。

图1-12 维护界面

(二)TVM 管理员基本操作

管理员进行维护打开门后需要在维护屏和键盘上进行登录(图1-13),在维护屏密码键盘上按"Enter"键输入操作员账号和密码后,进入维护界面(图1-14)。

注:若打开售票机门30秒不登录则会发出蜂鸣警报并上报至车站管理系统(SC)。

操作方法:在数字键盘上输入对应的编号进入相关界面,如在键盘上按"1"则进入钱箱操作。

图1-13　登录界面

图1-14　维护界面

1. 钱箱操作

钱箱操作界面如图1-15所示。

图1-15　钱箱操作界面

钱箱操作的功能如下：

(1)钱箱数据查询：可以查询当前纸币循环找零模块内所有钱箱的纸币情况。例如：50元的张数及合计金额，20元的张数及合计金额，此功能会显示当前所有钱箱内各纸币数量、纸币金额小计，最下方有纸币数量和纸币金额的总计。

(2)补币：当运营开始，把纸币放入补币箱后进行此操作，补币箱会向循环鼓内开始补币，补币数量是根据纸币机设置的数值确定的。

(3)清币：运营结束后可以把纸币循环找零箱、纸币补币箱的钱都清到纸币收集箱中，以方便收集纸币。

(4)清空回收箱数据：当运营结束，纸币收集箱中的纸币被取完后把数据清零，避免次日运营时纸币数据混淆。进入清空纸币回收箱界面(图1-16)后，可以看到目前纸币总数和总金额，按"Enter"键清空。

(5)纸币机设置：运营开始时，可以设置循环箱张数和币种。

例如：设置循环箱1放10张5元的纸币。

①在纸币箱设置界面(图1-17)选择"1"，进入循环箱张数设置界面(图1-18)。

图1-16　清空纸币回收箱界面

图1-17　纸币箱设置界面

②循环箱名称处填"1"(即选择1号循环箱),数量填"10",设置完毕按"ESC"键返回到纸币箱设置界面。

③纸币箱设置界面选择"2",进入循环箱币种设置界面(图1-19)。

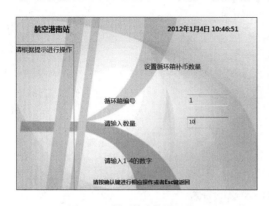

图1-18　循环箱张数设置界面　　　　图1-19　循环箱币种设置界面

④循环箱名称处填"1",面额填"5"(即5元的纸币)。

⑤操作结束后按"ESC"键返回到循环箱张数设置界面,可以对其他3个循环箱进行设置。

注:设置成功后,自动售票机即使断电也不需要重新设置。

循环箱为1~4号,其中1号和3号循环箱可存纸币的最大上限是30张;2号和4号循环箱可存纸币的最大上限是60张,目前4个循环箱经设置后可存纸币上限为30张。

2. 票箱操作

此功能在自动售票机补充票卡时使用,进入票箱操作界面(图1-20),需要先进行票箱默认数量设置(票箱默认数量只需设置1次,如图1-21、图1-22所示),当把票卡放入票箱,进入更换票箱1或2,界面显示票箱剩余票卡数量(图1-23),更换票箱后按"Enter"键,票卡数量会根据票箱默认数量进行变更(图1-24)。

图1-20　票箱操作界面　　　　图1-21　票箱默认数量设置界面

例如:票箱1里票卡不足无法正常运营,进入更换票箱1,此时更换票箱按"Enter"键后结束。

注:票箱1对应的是自动售票机里靠近废票盒的票箱,另一个则对应的是票箱2。

图1-22　更换票箱默认数量界面

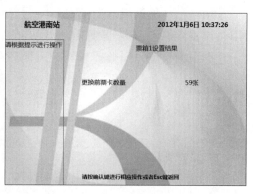
图1-23　更换票箱显示剩余票卡界面

3．部件测试

进入部件测试界面（图1-25），可以对自动售票机的各部件进行测试，例如发售测试票卡，对状态显示器等进行测试，以方便工作人员、维护人员在自动售票机出现故障时进行故障排除。

图1-24　更换票箱后票卡数量变更界面

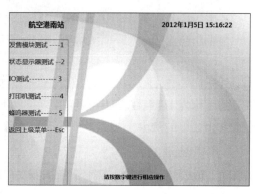
图1-25　部件测试界面

1）发售模块测试

发售模块测试主要是测试发卡机是否有故障、是否存在卡票等问题。

进入到发售模块测试界面后根据提示（图1-26），按"Enter"键发售测试票，测试票被发卡机发送到取票口。

发卡机发送的测试票是不会在票卡内写入交易信息的，即使测试票被乘客拿到，也不能通过测试票进站或出站。

2）状态显示器测试

状态显示器测试主要是用来检测显示器是否有坏点、是否能正常显示、显示的颜色是否正常等功能。状态显示器测试有当前显示模式、进入测试模式、清除显示内容、恢复显示模式4种测试模式（图1-27）。

（1）当前显示模式：用来查看状态显示器当前的显示模式、显示颜色（图1-28）。

显示模式有4种，分别是：静止显示模式、左向循环显示模式、右向循环显示模式、自检模式。

①静止显示模式：字幕不滚动，静止的。例如：状态显示器显示暂停服务，此时为静止显示模式。

②左向循环显示模式：字幕滚动显示，由右向左循环。

③右向循环显示模式:字幕滚动显示,由左向右循环。
④自检模式:在状态显示器上有一条斜线左右移动,以检测状态显示器是否有坏点。

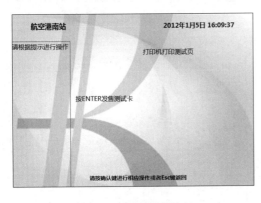

图 1-26　发售测试票界面　　　　　　　图 1-27　状态显示器测试主界面

(图上显示"打印机打印测试页",实际应为"发售测试卡")

显示颜色共有 3 种,分别是:红色、绿色、橙色。
①红色:在暂停服务模式时状态显示器显示红色的文字。
②绿色:在正常模式下状态显示器显示绿色的文字。
③橙色:在无找零模式下状态显示器显示橙色的文字。
(2)进入测试模式:在状态显示器上会有一条竖线在显示器上左右移动,供维护人员查看状态显示器上是否有坏点(图 1-29)。

图 1-28　状态显示器当前显示模式界面　　　图 1-29　状态显示器进入测试模式界面

(3)清除显示内容:此功能是用来清除状态显示器显示的文字,操作界面如图 1-30 所示。
(4)恢复显示模式:恢复当前自动售票机模式下状态显示器该显示的文字。操作界面如图 1-31 所示。
3)IO 测试

进入 IO 测试界面(图 1-32)后,可以把门开关按下,在维护屏上会显示一个值;把门开关放开,则会显示另一个值。显示的值会变化,则视为正常,若把门开关按下,放开值无变化或无显示则视为故障。
4)打印机测试

打印机测试是用来检测打印机是否能正常工作。进入打印机测试主界面(图 1-33)后,可以查询打印机的当前状态或打印测试页。

图 1-30　状态显示器清除显示内容界面

图 1-31　状态显示器恢复显示模式界面

图 1-32　IO 测试界面

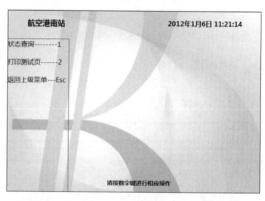

图 1-33　打印机测试主界面

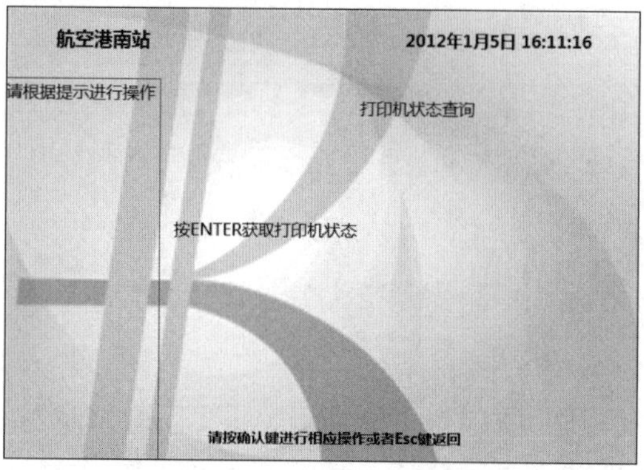

打印机状态查询：此功能主要是打印机自检的功能，在点击数字键盘上的"Enter"键后，状态查询界面（图 1-34）会显示打印机正常或打印机不正常。

（三）TVM 票箱更换操作

1. 打开维修门

（1）用钥匙将维修门的钥匙孔扳至"竖位"。

（2）按动"PUSH"按钮，开门扳手弹出。

（3）搬动扳手逆时针旋转 90°。

（4）向外拉动扳手，打开维修门（图 1-35）。

图 1-34　打印机状态查询界面

2. 登录维护面板

（1）登录维护面板，输入 ID 号及密码。

（2）拉出凭条打印机，翻转放平（图 1-36a）。

（3）在维护面板上，选择"运营服务"→"更换票箱"→"卸下 A 票箱"（图 1-37）→"确认"，此时票箱指示灯闪烁（绿色）。

票箱内部结构如图 1-38 所示。

图 1-35　打开维修门

  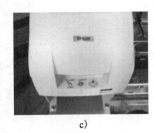

图 1-36　登录维护面板

 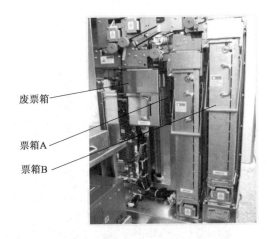

图 1-37　确认卸下票箱　　　　　图 1-38　内部结构

3. 拉出票箱模块

拉动票箱模块下方的"PULL"把手,拉出票箱模块,如图 1-39 所示。

4. 卸下票箱

(1) 将票箱盖手动抬起,推入箱体,如图 1-40 所示。

(2) 用钥匙将开关扳至"开"位,如图 1-41 所示。

图 1-39 拉出票箱

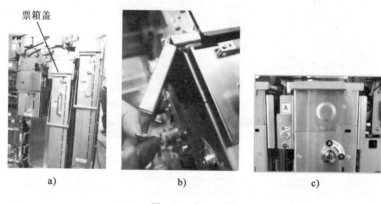

图 1-40 卸下票箱

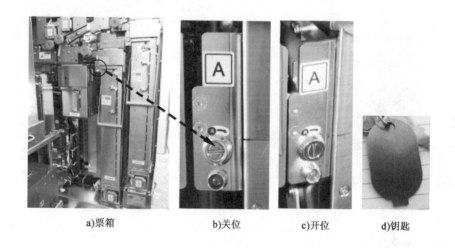

图 1-41 开位

（3）向下按动卡槽的波动开关，使卡槽下降实现退槽，如图 1-42 所示。

（4）待卡槽下降完毕，逆时针拨动票箱的杠杆至开位。

（5）右手拉动箱体正面的把手，左手托住票箱，卸下票箱 A。

二、TVM 日常维护

（一）注意事项

在进行维护维修前，必须做好准备工作。严格执行公司、部、课各项规章制度；做好"三不动、三不离、三预想、四不放过"。做好维护维修记录。在维护维修安装完成后，必须由现场负责人检查正确后才能通电测试。

（1）进行操作前，请确保没有乘客操作。

（2）不要插拔设备的连接线，如果必须要插拔，请先退出系统，关机断电后再进行。

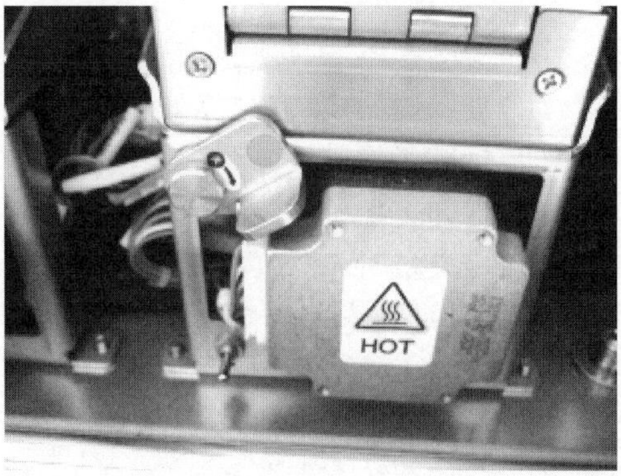

图 1-42　拨动票箱的杠杆图

（3）请不要互换模块的连接端口。

（4）在打开维修门后规定的时间内必须登录。

（5）在登录维修面板前不要移动纸币模块、硬币模块、钱箱、票箱。

（6）登录维修面板后，在系统规定的时间内没有任何操作，则自动签退，要继续操作只能关闭主维修门，再打开重新登录。

（7）当推入或拉出上述部件发生阻碍时，不可强行进行操作，以免损坏这些部件。

（二）准备工具与维护材料

1. 工具

TVM 日常维护的准备工具见表 1-2。

工　具　　　　　　　　　　　　　　　　　　　表 1-2

工 具 名 称	数 量	工 具 名 称	数 量
鼓风机	1 台	3×200mm 一字螺丝刀	1 把
世达工具 19 件套	1 套	3×200mm 十字螺丝刀	1 把
6×38mm 十字螺丝刀	1 把	世达实用刀	1 把
USB 键盘	1 付	万用表	1 块
警示牌	1 个	电筒	1 把
电吹风	1 个	毛刷	2 把
插线板	5m		

2. 维护材料

TVM 日常维护的材料见表 1-3。

维护材料　　　　　　　　　　　　　　　　　　表 1-3

材 料 名 称	数 量	材 料 名 称	数 量
纸币清洁套装	1 套	棉布	4 张
棉花签	2 包	酒精	100 克
TTO 用对射传感器	1 套	TTO 用 U 型传感器	1 只
TTO 用弹簧	2 套	TTO 用 O 型圈	4 只
TTO 用皮带 43 号	1 根	TTO 用皮带 80 号	1 根
TTO 用皮带 87 号	1 根	TTO 用皮带 88 号	1 根
TTO 用皮带 90 号	1 根	TTO 用皮带 97 号	1 根

(三)维护步骤

(1)关闭 UPS 电源并断开空开关。

(2)拆卸硬币模块主要部件并维护清洁。

(3)拆卸纸币模块并维护清洁。

(4)拆卸工控机并维护清洁。

(5)用鼓机对 TVM 内部各个部位进行除尘(先后维护门再前维护门)。具体顺序为:机柜散热风扇→条屏→方卡单元→硬币模块→纸币模块安装台→电源模块→硬币回收箱→工控机安装台→UPS→TVM 底板等。

(6)用湿润的棉布清洁 TVM 内部各个部位表面(注意:不包括电气接点和带电部位)。

(7)维护清洁方卡单元。

(8)安装硬币模块主要部件。

(9)安装固定纸模块。

(10)检查各连接线稳固情况。

(11)检查各模块滑槽活动情况并加油。

(12)检查各部件的接地情况。

(13)检查各部件的稳固情况。

(14)由现场负责人检查达到季检、年检标准并所有安装正确后上电。

(15)进行整机测试。

三、TVM 常见故障处理

TVM 常见故障处理见表 1-4。

TVM 常见故障处理　　　　　表 1-4

	常见故障	产生原因	维护方式
自动售票机	车票传输机构的读写器错误	观察维护面板故障代码提示、重新连接读写器串口	更换读写器
	传输阻塞故障	观察维护面板故障代码提示,检查传输通道传感器是否损毁或灵敏度降低,检查传输皮带或驱动皮带是否松动或老化,检查是否存在驱动电机损伤	清除传输通道传感器阻塞现象、清除阻塞车票或异物、更换皮带
	出票模块故障	通道卡票、备票失败、废票	查看票箱是否上锁,查看刮刀是否损坏、查看传感器是否脏污或损坏,查看换向器连接是否插好、传感器连接线是否脏污,检查读写器天线或读写器是否损坏
	读写器故障	天线干扰、读写器故障无法发售车票	更换出票模块,进行读写器测试
	触摸无反应	触摸屏驱动程序是否为最新版本、计算机串口是否可以正常使用、操作系统是否有出错信息	卸载驱动程序重新安装最新驱动程序、检查串口程序设置是否正常、检测主板 Bois 设置与驱动程序串口设置是否正常
	纸币故障	卡钞、钞箱故障、纸币传感器受污损、纸币器升级	打开纸币识别器查找出卡钞部位并将纸币取出,手动硬件恢复、打开纸币箱、转动白色齿轮,适当位置,用吹起

续上表

	常见故障	产生原因	维护方式
自动售票机	开机无显示	(1)无电源输入； (2)部件连接异常	(1)打开工控机电源； (2)检查显示器连接线路
	提示暂停服务(非上一级系统控制)	(1)单程票处理单元异常； (2)硬币处理单元、纸币处理单元异常； (3)维修门在打开状态或维修门状态检测传感器异常	(1)检查维修门并将维修门全部关紧上锁； (2)检查维修面板是否已注销
	自动售票机启动后显示"只收纸币"	硬币处理模块有卡币或者硬币箱没有正确安装	(1)启动设备后机器内部逻辑会对硬币模块进行测试，如果测试失败会进入"只收纸币"状态，这种问题一般是由硬币识别模块被硬币或其他异物堵塞导致，请检查硬币识别模块或重新启动设备； (2)正确安装硬币箱或者进行补币操作
	自动售票机屏幕显示"网络连接失败"	网络出现故障	(1)请检查检票机和服务器之间的网络连接是否正常； (2)请检查系统服务器软件是否正常运行
	自动售票机屏幕显示"只收硬币"	纸币识别模块有卡币或者纸币箱没有正确安装	(1)纸币识别模块被纸币或其他异物堵塞导致，检查纸币识别模块并重新启动设备； (2)正确安装纸币钱箱
	自动售票机屏幕显示"无找零"	硬币识别模块内没有放入找零硬币或者硬币找零钱箱没有正确安装	(1)放入找零用硬币； (2)正确安装硬币找零钱箱
	自动售票机屏幕显示"只充值"	单程票发售模式内没有放入车票或者票箱没有正确安装	(1)放入发售用车票； (2)正确安装票箱
	自动售票机启动后显示"暂停服务"，不能进入工作状态	可能是由于维修门没有关上	(1)检查维修面板，若故障需联系厂家检查维修面板； (2)检查维修门并将维修门全部关紧上锁
	自动售票机屏幕显示"只发售"	储值票读卡器有故障或连接错误	(1)检查连接线缆； (2)联系厂家更换储值票读卡器
	自动售票机启动后乘客显示器没有显示	自动售票机内部工控机没有开机或显示器处于关闭状态	(1)打开工控机电源； (2)检查显示器连接线路

19

模块2　半自动售票机(BOM)的操作与维护

> **导入**
>
> 半自动售票机(Booking Office Machine,简称BOM),为功能较全面的终端设备,设于车站售票亭和补票亭,由地铁工作人员操作,面向乘客提供地铁车票和一卡通车票相关的服务,如售卡、查询、充值、补票、退卡、退款等。
>
> 通常安装在售/补票房或车站服务中心内,采用人工方式完成票务处理、车票发售、加值、车票分析(验票)、退票及其他票务服务,因此BOM又称为人工售/补票机或票房售/补票机。

  教学目标及建议学时

1. 了解半自动售票机的组成。
2. 掌握半自动售票机的功能。
3. 熟悉半自动售票机的常用操作。
4. 掌握半自动售票机的常见故障处理。

建议学时:6学时,实操。

  知识储备

1. 功能

BOM是在车站中以人工方式为乘客提供服务的售补票设备,放置于车站售票和补票室内。BOM的主要功能包括:售票、补票、充值、更新、替换、退票、车票挂失、车票分析、车票处理、车票查询、收益管理、设备操作等。

2. BOM外观

BOM外观如图1-43所示。

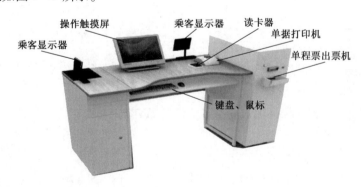

图1-43　BOM外观

3. 结构组成

半自动售票机(BOM)是由BOM主控单元(包括:鼠标、键盘)、操作显示器、乘客显示器、打印机、IC卡读写器、发行单元、电源等独立设备组成如图1-44所示。

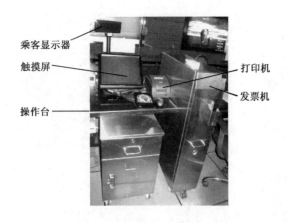

图1-44 BOM结构图

一、BOM常用操作

(一)用户登录

BOM系统的启动过程如下:

(1)双击位于桌面的BOM软件启动程序,启动BOM软件。系统将进入登录界面,如图1-45所示。

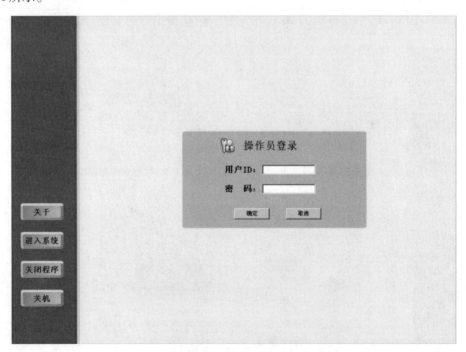

图1-45 BOM登录界面

(2)在登录界面,输入用户名和密码(用户1:000001,密码:00000000;用户2:000002,密码:11111111),即可进入用户操作主界面,如图1-46所示,主界面默认为售单程票操作界面。

(3)登录完毕,用户可以通过界面左侧的功能按钮来选择使用某项功能。

(二)售单程票

(1)在主界面,用户依次按下"售票""单程票"按钮,则可以进行单程票的出售。

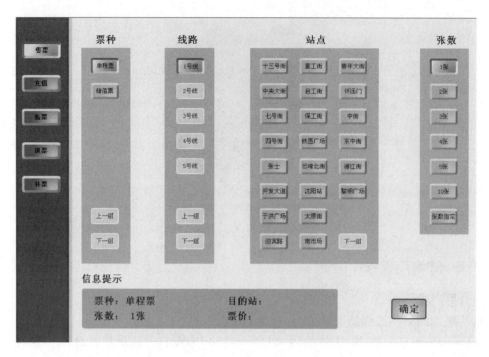

图 1-46　BOM 主界面

（2）用户在"站点"栏选择目的站点，在"张数"栏选择出售的张数，如图 1-47 所示。

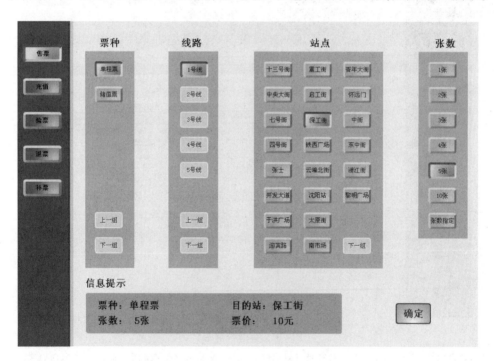

图 1-47　出售单程票

（3）用户也可以通过单击"张数指定"来手工输入购票张数，如图 1-48 所示。

（4）确定了目的站点和购买的张数后，用户依次将票卡放在 BOM 机的读写卡器上，在界面上点击右下角的"确定"按钮，即可开始进行售票。

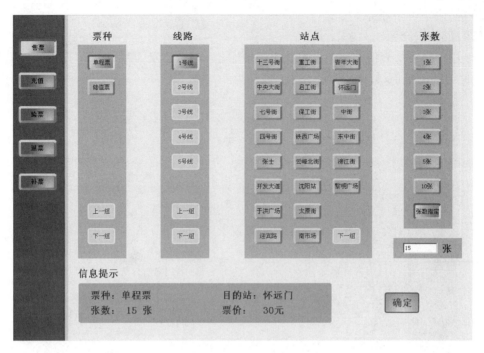

图 1-48　手工输入张数

(三) 售储值票

(1) 用户依次按下"售票""单程票"按钮，则可以进行储值票的出售，如图 1-49 所示。

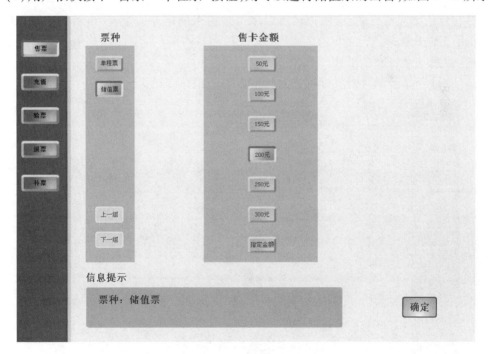

图 1-49　出售储值票

(2) 和单程票的出售相同，用户也可以通过单击"张数指定"来手工输入购票张数。

(3) 确定了目的站点和购买的张数后，用户将待售的储值卡放在 BOM 机的读写卡器上，在界面上点击右下角的"确定"按钮，即可售票。

23

(4)储值票售票押金20元。

(四)储值卡充值

(1)用户将需要充值的储值卡放在BOM机的读写卡器上,然后按下"充值"按钮,则可以进行储值票的充值,如图1-50所示。

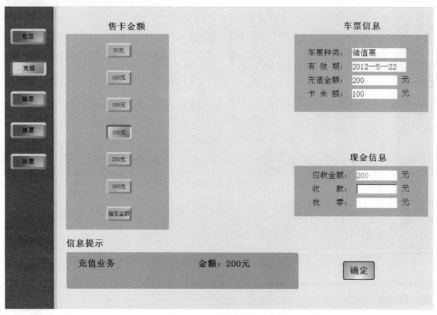

图1-50 储值票充值

(2)在储值票充值界面下,用户也可以单击按钮来确定充值金额,也可以单击"指定金额"按钮手工输入金额。

(五)验票

(1)用户按下"验票"按钮,即可进入验票界面,如图1-51所示。

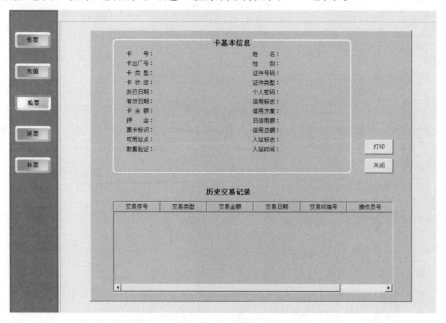

图1-51 验票界面

（2）用户将需要验票的票卡放在 BOM 机的读写卡器上，屏幕上即可显示票卡的相关信息，图 1-52 所示为储值票的验票信息。

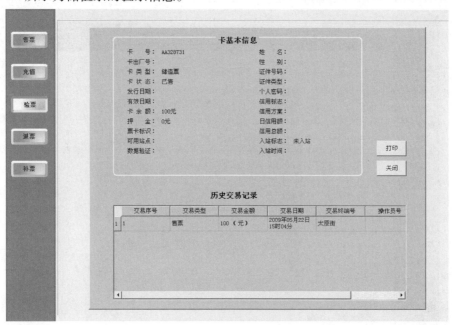

图 1-52 储值票验票

（3）在验票界面下，用户点击"打印"即可打印验票信息；用户点击"关闭"即可退出验票界面。

（六）退票

（1）用户将需要退票的票卡放在 BOM 读写卡器上，按下"退票"按钮，即可进入退票界面（图 1-53）进行退票操作。

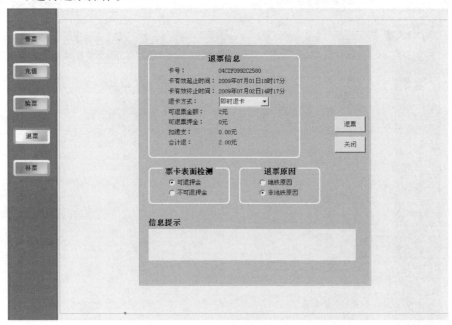

图 1-53 退票界面

（2）用户选择了相应的选项后，单击退票界面内的"退票"按钮即可完成退票操作。

（七）补票

（1）用户单击"补票"按钮，即可进入补票界面，如图1-54所示。

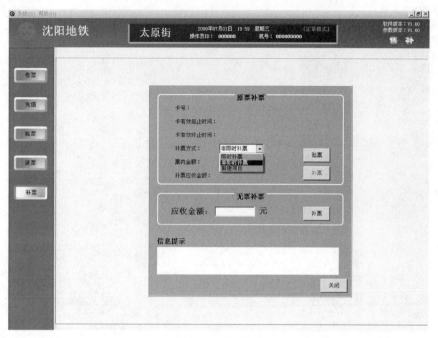

图1-54 补票界面

（2）用户选择补票方式，并根据运营规则判断应收金额，然后点击补票界面内的"补票"按钮，就可以完成补票操作。

（八）系统锁定和用户登录

（1）登录的用户可以通过选择菜单"系统"→"系统锁定"对系统进行锁定，如图1-55所示。

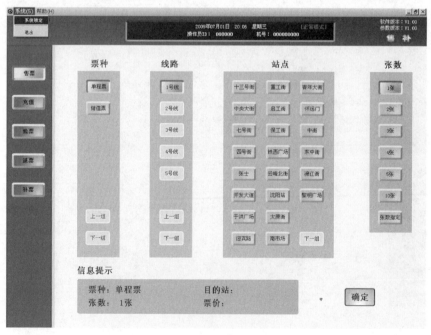

图1-55 选择系统锁定

（2）系统锁定后的界面如图1-56所示。

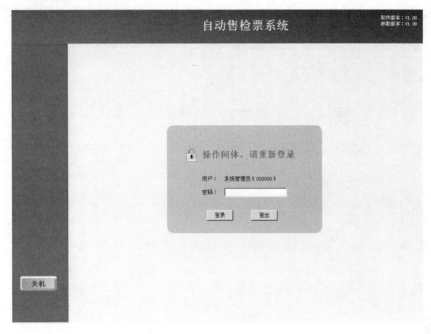

图1-56　系统锁定

（3）系统锁定界面如图1-56所示时,用户可以输入当前管理员的密码,点击"登录"重新进入系统主界面;也可以单击登出,回到系统登录界面。

二、BOM日常维护

（1）触摸显示器保持洁净,没有灰尘或其他异物附着。
（2）出票口不可异物遮挡。
（3）不锈钢机壳表面定期进行清洁,应使用不锈钢保养油。
（4）机器表面防止硬物划伤,保持表面光洁,擦拭时应使用柔软清洁材料。
（5）电源插头防止氧化、玷污、损毁漏电伤人。
（6）勿折网线,避免接头损伤。
（7）避免硬物撞击售票机。

三、BOM常见故障处理

（一）储值卡异常处理

1. 储值卡需要异常处理的场合

（1）进出站次序错误

在储值卡进出站次序错误时,需要做异常处理。比如一张储值卡已经进站,但由于种种原因出站时没有刷卡,那么在下次进站时将被AG拒绝放行,这时需要到BOM上做异常处理;反之,如果一张储值卡已经出站,但由于种种原因进站时漏刷卡,那么在下次出站时也会被AG拒绝放行,这时也需要到BOM上做异常处理。

（2）退卡

乘客不再使用储值卡时,可以在BOM上做退卡操作。

2. 异常处理的步骤

(1)用户依次按下"异常处理"按钮,则可以进行储值票的异常处理,如图1-57所示。

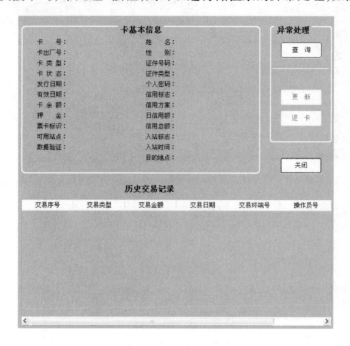

图1-57 储值卡异常处理

(2)再将储值卡置于桌面读写器上,点"查询",将读取储值卡的交易信息。

(3)点"更新"或"退卡"完成异常处理。

(二)常见故障机维护方法

常见故障机维护方法见表1-5。

常见故障机维护方法　　　　　　　　　　　　　表1-5

	常见故障	产生原因	维护方式
半自动售票机	半自动售票机无法正常充值	储值卡读卡器没有正确连接	正确连接储值卡读卡器
	半自动售票机屏幕显示"网络连接失败"	网络出现故障	(1)请检查半自动售票机和服务器之间的网络连接是否正常; (2)请检查系统服务器软件是否正常运行
	半自动售票机乘客显示器没有显示	可能是由于乘客显示器电源没有打开或者连接错误	打开乘客显示器电源或者检查线缆连接
	半自动售票机不能打印凭条	可能是由于打印机电源没有打开或者连接错误	检查打印机电源或者正确安装打印纸
	半自动售票机无法发售单程票	单程票发售模块内没有放入车票或者票箱没有正确安装	(1)放入发售用车票; (2)正确安装票箱
	半自动售票机启动后显示"暂停服务",不能进入工作状态	可能是由于维修门没有关上	检查维修门并将维修门全部关紧上锁
	半自动售票机打印的凭条没有内容	打印机色带没有安装或者已经用尽	正确安装色带或更换色带
	半自动售票机启动后操作员显示器没有显示	半自动售票机内部工控机没有开机或显示器处于关闭状态	打开工控机电源或打开显示器电源

模块 3　自动检票机(AG)的操作与维护

> **导入**
>
> 自动检票机(Automatic Gate, AG),简称闸机,是实现乘客自助进出站检票交易(在付费区和非付费区间通行)的设备,对于有效车票,检票机通道阻挡解除(门扇开启或释放转杆),允许乘客进出站。

教学目标及建议学时

1. 了解自动检票机的种类、结构和功能。
2. 熟练进行自动检票机日常更换票箱的操作。
3. 熟悉自动检票机的一般工作界面。
4. 能够处理日常卡票故障。
5. 熟悉 AFC 系统不同运行模式下 AG 的状态。

建议学时:6 学时,实操。

 知识储备

1. 分类

自动检票机分类如图 1-58 所示。阻挡装置分类如图 1-59 所示。自动检票机整体如图 1-60 所示。自动检票机内部结构如图 1-61 所示。

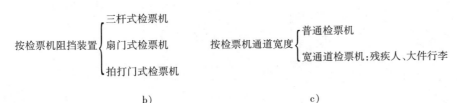

图 1-58　自动检票机分类

2. 名词解释

(1) 通行传感器

通行传感器能够监控乘客通过自动检票机的整个过程以及监测通过自动检票机的人数。

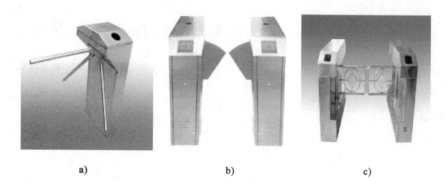

图1-59 阻挡装置分类

图1-60 自动检票机整体　　　　图1-61 自动检票机内部结构

（2）高度传感器

自动检票机上装有检测身高的反射型传感器，用于检测通过的乘客是否是身高为1.2～1.4m（高度可调）以下的儿童。如图1-62所示。

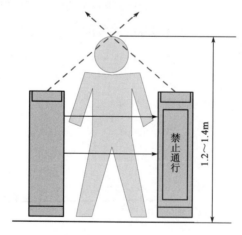

图1-62 高度传感器

（3）扇门

扇形门装置是另一种得到广泛应用的检票机阻挡装置。扇形门装置由扇形门、机械控制结构和控制板组成。当扇门需要动作时，控制板驱动电机，通过减速齿轮提供动力给转换器，在操作杆连接处产生动力，通过电磁铁传递运动，带动扇门运动。

(4)方向指示器

方向指示器位于检票机面向乘客的前面板上,显示通道的通行方向标志,远距离指示乘客通道的通行状态,方向指示器的设计确保乘客在 30m 外的距离可以明辨标志的内容和含义。

(5)车票处理装置

车票处理装置是自动检票机的另一个关键部件,负责完成车票读写、传送及回收处理。主要包括两大部分:车票读写和车票传送装置。车票处理装置通常需要配置两个票箱,并实时监控票箱的状态,在票箱未安装、票箱将满或票箱已满时需要向主控单元发送相关信息。

(6)自动检票机界面显示描述

自动检票机界面显示描述见表1-6。

自动检票机界面显示描述　　　　　　　　　　　表1-6

类　　型	作　　用	示　　例
乘客显示器	向乘客显示车票处理结果、显示设备运行模式、状态等提示信息	
方向指示器	提示通道进出方向是否可用	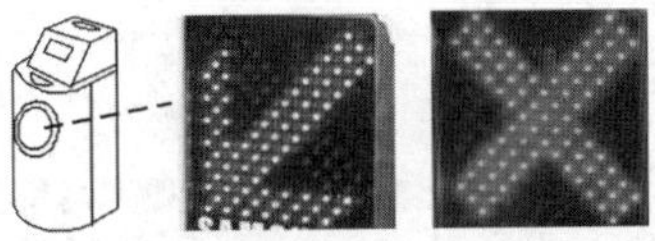
警示灯	报警、无效票	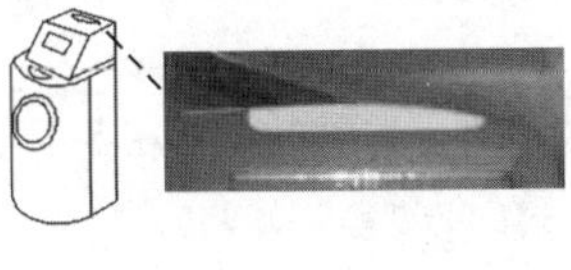
员工票灯	使用员工票时显示	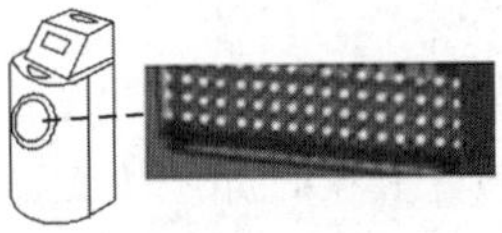
刷卡指示灯	根据模式显示	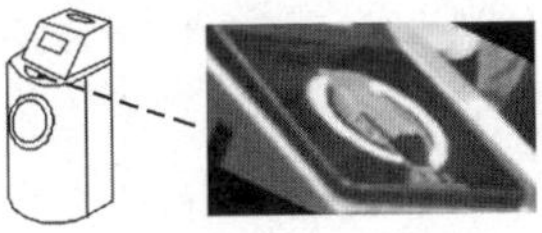
语音提示	乘客正确使用车票、正确过闸等语言提示信息	例如:"请您通知工作人员"

一、AG 常用操作

（一）使用操作

1. 开机

（1）打开自动检票机进站左侧维护门后，在自动检票机内部安装有主控制板和电源箱。在电源箱上安装有启动开关，推动启动开关就可以完成上电工作。

（2）在自动检票机上电后，自动检票机会自动启动操作系统和自动检票程序，无须人工干预，自动检票机自动启动界面如图 1-63 所示。

2. 关机

关机的方法与开机的方法相似。不同的是关机需要用手扶住扇门再关闭电源箱上的启动开关，以防止掉电后扇门在重力的作用下撞击支架对设备造成损坏。

3. 票卡操作

1）欢迎界面

开机后如果设备工作正常，设备的显示屏会根据设备模式（进站模式，出站模式，双向模式，无服务模式）及类型（进站闸机，出站闸机，双向闸机）的不同显示欢迎使用界面或暂停使用界面，具体如下。

进站方向欢迎界面如图 1-64 所示。

图 1-63　自动启动界面

图 1-64　进站方向欢迎界面

出站方向欢迎界面如图 1-65 所示。

暂停使用界面如图 1-66 所示。

2）票卡使用方法

单程票，进站时，在读卡器上刷卡，出站时，投入回收口。储值卡，在进出站时，都需要在读卡器上刷卡。一次入站刷卡，一次出站刷卡作为一个合法周期，一张票不能在一个通行方向多次刷卡。

在使用有效票正确刷卡后，设备会将界面切换到允许通行界面，并且在单程票进站或储值卡进出站的情况下会显示票卡内的金额。允许通行界面如图 1-67 所示。

在界面切换后绿色报警灯和方向指示灯会闪烁一次，同时蜂鸣器也会蜂鸣一次。如果是双向自动检票机，与通行方向相反方向的允许通行指示会变成禁止通行指示。

图1-65 出站方向欢迎界面

图1-66 暂停使用界面

3）错误票卡处理

错误票卡使用有三种情况。刷卡过快造成数据处理不能及时完成,这种情况下界面会显示请重新刷卡,如图1-68所示。

图1-67 允许通行界面

图1-68 重新刷卡界面

使用无效票刷卡,界面会显示此票卡是无效票卡,如图1-69所示。

单程票没有投入回收口,在上面板刷卡出站的情况下,界面会显示请放入回收口,如图1-70所示。

（1）错误状态

在闸机出现错误后界面会显示进入错误状态。具体错误情况如下。

①读卡器错误。

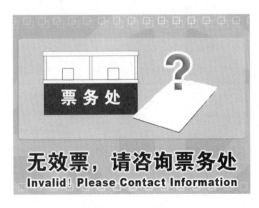

图1-69 无效票界面

图1-70 请放入回收口界面

当读卡器发生错误的情况下，出站方向会显示读卡器错误界面，如图 1-71 所示。

②机芯错误。

当机芯发生错误的情况下，出站方向会显示机芯错误界面，如图 1-72 所示。

图 1-71　读卡器错误界面　　　　　　　图 1-72　机芯错误界面

③回收错误。

当回收装置发生错误的情况下，出站方向会显示拒收单程票界面，如图 1-73 所示。

④卡票错误。

当回收装置发生卡票错误的情况下，出站方向会显示拒收单程票界面，如图 1-74 所示。

图 1-73　回收错误界面　　　　　　　图 1-74　卡票错误界面

⑤票箱满错误。

当回收装置逻辑箱满计数显示可以回收票卡，但物理传感器发现票箱已满的情况下发生回收装置票箱满错误，出站方向会显示拒收单程票界面，如图 1-75 所示。

（2）等待状态

自动检票机在以下两种情况下进入等待通行界面：

①对于双向自动检票机，如果有一个方向上有行人刷卡，另一个方向进入等待状态。

②在发生闯入、尾随或错误方向通行的情况下，界面切换到等待通行界面。

等待通行界面如图 1-76 所示。

（二）通行方式

行人应在使用有效票卡刷卡后，在 15 秒内及时通过自动检票机。如果行人不能在规定时间内及时通过自动检票机，那么闸门会自动关闭。票卡的持有人不能使用该票卡再次通过自动检票机。

以下行为为通过自动检票机的正确行为：

图 1-75　票箱满错误界面

图 1-76　等待通行界面

(1) 成人持有效票卡刷卡通过自动检票机。

(2) 行人可以提手提包，推或托不超过最高传感器的行李通过自动检票机。

(3) 成人持有效票卡刷卡打开闸门后，不超过最高传感器的儿童可以在成人带领下通过自动检票机。

(4) 乘坐轮椅的乘客持有效票卡刷卡后可以在宽通道自动检票机通过，如果不是电动轮椅，可以连续刷两张卡，由一个成人推轮椅通过宽通道自动检票机。

以下行为为通过自动检票机的错误行为。如果该现象发生，如果自动检票机闸门处于打开状态，自动检票机闸门会自动关闭，并且进行报警。

(1) 只用一张有效票卡刷卡打开闸门多人通过的尾随行为。

(2) 持无效票卡刷卡，或不刷卡妄图通过自动检票机。

(3) 持有效票卡在一个方向刷卡，试图在另一个方向通过自动检票机。

(三) 更换票箱

1. 更换票箱流程

(1) 打开回收装置侧维护门。

(2) 登录进入维护界面。

(3) 使用回收装置上的按钮或使用维护界面上更换票箱中的弹出票箱将票箱托盘降到票箱底部。

(4) 用钥匙锁住票箱机械锁。

(5) 取下票箱。

(6) 将新票箱安装到回收装置上。

(7) 打开票箱机械锁。

(8) 使用回收装置上的按钮或使用维护界面上更换票箱中的装回票箱将票箱托盘升到票箱顶部。

(9) 进入维护界面中的票箱数量界面，将票卡计数清零。

(10) 关闭维护门。

2. 更换票箱界面

更换票箱界面如图 1-77 所示。

(四) 暂停服务

1. 什么情况下 AG 会出现暂停服务

(1) 设备发生故障（自动切入暂停服务）或被设置成关闭模式时。

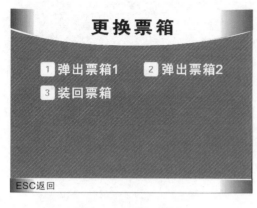

图 1-77　更换票箱界面

(2)任一维修门被打开,设备自动进入暂停服务状态。

(3)双向闸机被设置成单向模式时,另一方向的乘客显示器将显示"暂停服务"界面。

2.若 AG 出现暂停服务,需要做什么

(1)向值班站长汇报并确认此情况。

(2)若更换票箱或设备维修时需要将闸机暂停服务,应提前立警示牌或用围栏隔离此通道,且尽量在非运营时间或客流较少时段进行,并注意不要让乘客围观。

3.出站闸机的受限服务

(1)A、B 两票箱都满时,出站闸机将不再回收车票,设备将进入仅刷卡出站状态,乘客显示器界面将提示"禁止投入车票"。

(2)车票回收装置发生卡票情况时,出站闸机将不再回收车票,设备将进入仅刷卡出站状态,乘客显示器界面将提示"卡票"。

4.若出站闸机出现以上情况,需要做什么

(1)向值班站长汇报并确认此情况;疏导乘客从其他通道过闸。

(2)若发生卡票情况,需要站务人员现场处理。处理前立警示牌或用围栏隔离通道,注意不要让乘客围观。

(五)运行模式

1.正常运行模式

略。

2.紧急放行模式

全部闸机扇门处于全开状态,顶棚向导标志处于禁入放行状态,乘客出站不检票。

3.列车故障模式(降级模式)

部闸机扇门处于关闭状态,进站闸机正常检票入站;出站闸机检票出站不扣费,除福利票、出站票外回收类车票不回收。

4.进站免检模式(降级模式)

进站闸机扇门处于全开状态,乘客进站不检票;出站闸机处于关闭状态,正常检票出站。

5.出站免检模式(降级模式)

进站闸机扇门处于关闭状态,乘客正常检票入站;出站闸机扇门处于全开状态,乘客出站不需检票,回收类车票不回收。

二、AG 日常维护

(一)维护菜单

1.登录

打开自动检票机维护门后,自动检票机进入维护状态。显示界面进入维护登录界面,如图 1-78 所示,可以用维护键盘输入用户名和密码。用户名:000001,密码:20082008。

如果登录成功维护程序进入主界面，如图1-79所示。

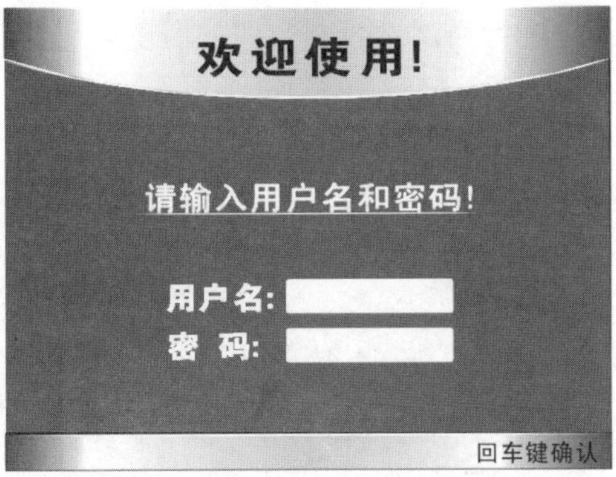

图1-78　维护登录界面 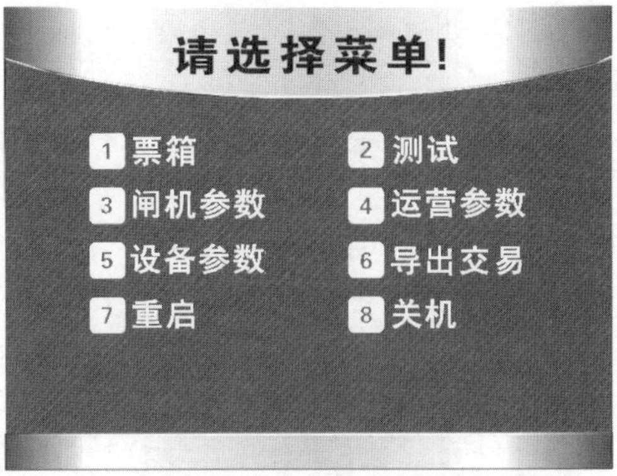　　　　　　　　　图1-79　维护菜单

如果登录失败可以再次登录，如图1-80所示。

最多可以尝试登录三次，三次登录失败设备报警，如图1-81所示。

设备一段时间不登录，进入超时报警状态，如图1-82所示。

2. 票箱设置

在票箱设置中可以查看票箱中票卡的数量，进行票箱切换和票箱更换操作，如图1-83所示。

图1-80　新登录界面

图1-81　登录失败界面

图1-82　登录超时界面

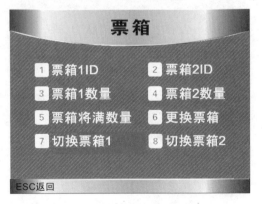

图1-83　票箱操作界面

3. 部件测试

在部件测试中可以对自动检票机的各个部件进行测试,验证各部件功能是否正确,如图 1-84 所示。

(1)可以对机芯进行检测,测试项目包括开门和紧急控制,如图 1-85 所示。

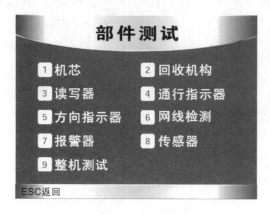

图 1-84 部件测试界面

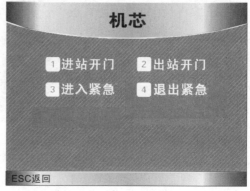

图 1-85 机芯测试界面

(2)可以对回收机构的功能进行测试,如图 1-86 所示。

(3)可以对读写器能否读取票卡进行测试,如图 1-87 所示。

(4)可以对各种指示灯进行控制,如图 1-88 所示。

(5)可以对蜂鸣器、传感器和网络进行测试。

(6)可以对整机进行测试。

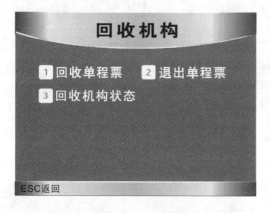

图 1-86 回收机构测试界面

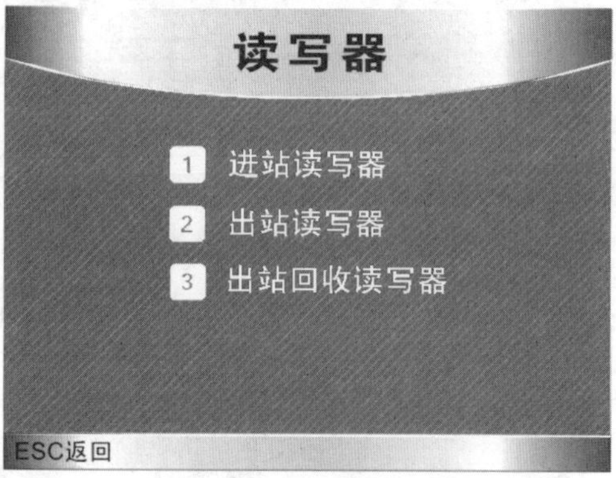

图 1-87 读写器测试界面

4. 闸机参数操作

闸机参数设置界面如图 1-89 所示。

(1)可以设置工作模式,如图 1-90 所示。

(2)可以设置工作方向,如图 1-91 所示。

(3)可以设置系统时间。

5. 运营版本查询

通过维护面板可以对自动检票机的所有运营相关的版本信息进行查询,如图 1-92 所示。

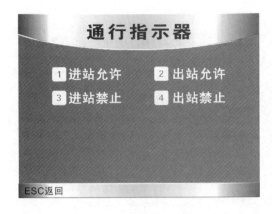
图1-88 通行指示器测试界面

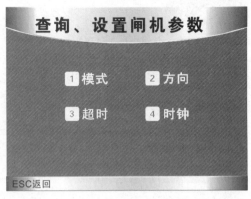
图1-89 闸机参数设置界面

图1-90 工作模式设置界面

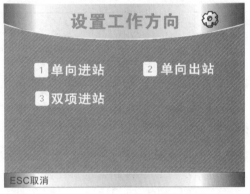
图1-91 工作方向设置界面

(1)可以查询所有硬件设备版本,如图1-93所示。

图1-92 运营版本查询界面

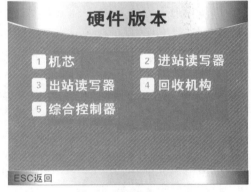
图1-93 硬件版本查询界面

(2)可以查询所有驱动版本,如图1-94所示。
(3)可以查询用户、黑名单、计价方案等运营文件的版本信息。
(4)优惠名单作为本系统预留部分。

6. 设备参数操作

通过维护面板可以对自动检票机的基本参数进行查询和设置,如图1-95所示。

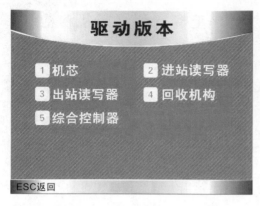 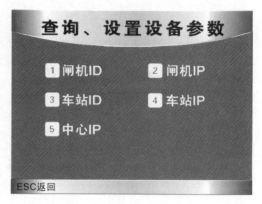

图 1-94　驱动版本查询界面　　　　　图 1-95　设备参数设置界面

7. 关机与重启

可以通过维护界面对工控机进行关机与重启操作。

（二）巡检注意事项

（1）前端指示灯是否绿色常亮(✓)。

（2）过票时门翼打开与关闭是否正常。

（3）入票嘴指示灯是否常亮绿色(闪烁)。

（4）结果显示屏是否常亮。

（5）指示灯过票时显示是否正常。

（6）过票时出票口指示是否亮绿色(闪烁)。

（7）过票时蜂鸣器是否会正常鸣响。

小贴士

（1）巡检时最好是等待旅客过票时，才能反映闸机是否存在故障。为了确保 AFC 设备的运营可靠，严格控制维修质量，力争将故障消灭在萌芽状态，加强预防性维护保养力度，以保证 AFC 设备处于良好的运行状态。

（2）检票机维护保养分为日常维护和周期维护。日常维护有日检维护、双周检维护，周期维护根据部件性能有季维护、半年维护、年维护。

（三）日检

1. 清洁设备外部

（1）清洁机器外壳和显示屏的灰尘，表面无浮尘、无污渍。

（2）表面不得有粘纸和粘物。

2. 清洁车票传输机构(沾少许75%酒精)

（1）清洁所有压轮、滚轮、传输皮带，不得有污垢。

（2）清洁设备内部，做到无明显的灰尘。

（3）在皮带的清洁中，如发现有皮带老化、松弛现象应及时更换。

（4）清洁传感器，不允许由于传感器问题造成进票速率的降低。

（5）禁止使用过量的酒精清洁设备，避免造成零部件过早的老化及损伤。

3.检查设备显示是否正常

(1)乘客显示屏、读写器指示灯。

(2)方向指示灯、告警灯。

(3)如发现显示异常或功能缺失,及时调节或更换。

4.检查三杆机构的转动性能

(1)检查三杆机构的主轴、紧固螺钉、单杆紧固螺钉是否松动。

(2)检查阻尼的销子是否脱落或断裂。

(3)检查并调节阻尼效果至适当位置。

(4)检查三杆转动时声音是否过响、过重,如有,应及时调整阻尼(细调或粗调)。

(5)检查三杆电路控制板、三杆电磁阀和连接导线。

(6)在紧固三杆时,严禁用力过度(不得超过18kg),以免造成三杆螺钉滑牙、变形,使部件损伤。

5.设备运营状态巡视

(1)设备是否有异常声响。

(2)设备是否有故障。

(3)设备运营是否保持稳定(指频繁重复发生故障)。

(4)在以上巡视中发现问题,应按设备维护要求,及时处理。

6.记录表式填写

每日当班维护人员对检票机进行日检后,将情况正确填写在《车站AFC设备记录表》内。

(四)双周检维护

1.清洁设备内部积灰

(1)清洁导向指示灯的外罩,无积灰。

(2)清洁电源盒、加热器、读写器的外罩,无明显灰尘。

(3)清洁设备底部、部件支架、线槽、线缆,无明显灰尘。

(4)清洁控制电路板,做到无结灰。

(5)拆下并清洁乘客显示屏和显示面板的灰尘,严禁使用酒精擦拭。

2.检查设备内所有紧固螺钉

(1)检查门锁、门撑杆、传输回收机构、转向器、乘客显示屏、升降机构、传输机构带轮等螺钉是否松动。

(2)发生螺钉缺损和松动,及时补缺和紧固。

3.检查和调整三杆机构

(1)除去三杆机构上的污油,在滑轮上均匀添加适量润滑油。

(2)检查调整阻尼位置,检查尼龙滑块是否老化、磨损严重。

(3)检查三杆控制板控制、电磁铁动作是否正常。

(4)发现零部件损坏或磨耗,需及时更换。

(5)转动三杆机构,检查机械动作应灵活,部件无晃动、无异常声响。

4.升降机检查和清洁,检查升降机构传动时是否有异常

(1)清洁升降机丝杆上污油,在丝杆上均匀添加少量润滑油。

(2)检查升降导轨装置是否完好。

(3)清洁升降托板的污垢,检查升降托板是否有松动。

(4)检查传感器能否正常并进行检测。

(5)检查票盒锁紧扣、紧固杆是否松动,如有松动及时紧固。

(6)检查升降动作是否升到位,如升降机构性能较差,需及时调整或更换。

5．检查、清洁传输机构

(1)检查传输机构转动时是否有异常。如有异常及时调整或更换,严禁故障状态滞留。

(2)清洁所有的传感器,无灰尘、污垢。

(3)检查零部件螺钉是否紧固。

(4)检查连接电缆、接插件是否完好。

(5)检查进票口挡板动作,并进行调整。

(6)检查转向器动作正常。

(7)检查传输皮带是否变形、磨损或老化,如有及时更换。

6．检查、清洁车票回收机构

(1)检查回收机构传动时是否有异常,如有异常及时调整或更换,严禁故障状态滞留。

(2)检查各个部件的螺钉是否紧固。

(3)检查各个接插件是否完好。

(4)检查转向器是否正常。

(5)检查传感器是否完好。

(6)检查传输皮带是否变形和老化,如有更换皮带。

7．检查读写器

(1)检查读写器的反应速度是否正常,如读卡反应慢,应更换。

(2)检查读写器感应距离和覆盖区域,外置如小于6cm,或读卡感应区域位置不对,应更换读写器。

(3)用测试票进行测试,要求连续使用30张,在乘客显示屏上应连续显示"ok"30次。

8．对检票机进行功能性能测试

(1)转向器测试:利用测试码测试,转向板应有向上摆动然后回到原位的动作,摆动幅度为30°左右。

(2)升降机构测试:利用测试码测试升降机构上升/下降动作,升降时动作应平稳到位。

(3)三杆机构测试:利用测试码测试,①在测试状态电磁阀应处于释放状态,②在乘客显示屏上传感器指示数0、1应随三杆转动时变化,③正、反转时主轴无松动,④转一圈单杆转动120°。

(4)车票传输机构测试:用测试码测试传感器,在乘客显示屏上正常显示数为0,遮挡传感器时显示屏显示应变成1。用测试码进行马达转动测试,马达应带动皮带正转和反转各5s时间的转动。

(5)测试中如发现模块功能未达到要求的,应及时调整或更换。

三、AG常见故障处理

(一)闸口电机自己不停地转

解决1:对回收机构重新上电,看是否能解决。

解决 2:闸口对射传感器连接线虚连接(HR01 和 HS01),检查线路。
解决 3:闸口对射传感器损坏,需要更换。
解决 4:直接更换底板,核心板不需要更换。

(二)闸口不入票

解决 1:查看闸口对射传感器是否损坏,和线路连接是否正常(HR01,HS01)。
解决 2:查看 HR03/HR04 和 HS03/HS04 是否损坏。
解决 3:查看读卡区是否有票卡,有则取出票卡,即可入票。

(三)检查传感器是否损坏

解决:用票卡遮挡传感器,看是否有小灯在闪烁,如果有说明传感器正常。

(四)回收票卡时冒顶,票卡未进入票箱,在票箱上方

解决:由于票箱的上边沿阻挡票卡进入,票箱卸下重新上票箱即可。

(五)回收机构不正常收票

解决 1:检查票箱所对应的到位开关是否到位,如果没到位则把票箱重新向里放即可,一定要向后到位。
解决 2:测试电机是否损坏,在按键板上的 A1、A2、A3 功能分别对应三个电机,进行测试。电机先正转再反转,为正确。

(六)电源指示灯都不亮

解决:保险丝爆了,需要更换。

(七)24V 电源指示灯亮,其他都不亮

解决:由于电源电路电容虚焊或者电容损坏,可直接更换底板,但是核心板可以不更换。

(八)上升或下降票箱时突然断电

解决 1:U 型传感器损坏,需要更换,之后重新更换保险丝。
解决 2:直接更换保险丝。

自动检票机常见故障维护方式见表 1-7。

自动检票机常见故障维护方式　　　　表 1-7

	常见故障	产生原因	维护方式
自动检票机	车票处理器通信故障,机器未初始化	与传输机构读写器通信故障	关机重启,检查设备与读写器通信线是否脱落,设备初始化
	出票不正常	车票在传输机构中阻塞,车票在回收区域卡住,票盒升降机卡住,票箱满	将票取出、整理票盒内车票、取回票盒、换回收票盒
	通信故障	Snc 链路层故障、应用层故障、PIM 通信失败	检查设备与 SNC 通信链路是否脱落,或通信板是否正常工作,检查该板工作是否正常、通信线路是否脱落
	进出站免检、时间日期免检	设备被设置成进/出站免检	检查设备设置
	连续的 CSC 验证错误、CSC 通信错误	双向机有效,与进站读写器通信故障	检查设备读写器通信线是否脱落
	转向器失效	传输机构的返还与回收转向器动作不正常	调整机械结构

模块 4　自动查询机(TCM)的操作与维护

> **导入**
>
> 　　自动查询机(Ticket Checking Machine,TCM),简称 TCM,安装在非付费区,供乘客自助查看车票的信息及有效性。读取过程不修改车票上的任何数据。自动查询机的操作方式采用触摸屏形式。自动查询机应可显示乘客服务信息由线路 AFC 控制系统下载。

 教学目标及建议学时

1. 了解自动查询机的结构和功能。
2. 熟悉自动查询机的操作界面。

建议学时：6 学时,实操。

 知识储备

　　自动查询机主要由主机、电源、读卡器和触摸显示器等结构组成。

　　自动查询机具有车票查询和乘客服务信息查询等功能。如图 1-96 所示。车票查询是读取票卡信息,不具备写票功能,工作人员将车票在阅读器/天线出示后 1 秒内,能显示车票的以下内容:

(1)车票逻辑卡号。
(2)车票类型。
(3)余额/使用次数:显示该车票当前所剩余额及使用次数。
(4)车票有效期:显示该车票的有效期限。
(5)车票无效原因(如安全性检查,出入顺序检查,黑名单票检查,超乘,超时等)。
(6)交易历史等。

图 1-96　自动查询机

一、TCM 常用操作

自动查询机界面如图 1-97 所示。

图 1-97　自动查询机界面

二、TCM 日常维护

略。

三、TCM 常见故障处理

TCM 常见故障处理见表 1-8。自动售检票系统维修工单见表 1-9，设备设施保养记录表见表 1-10。

TCM 常见故障处理　　　　　　　　　　　　　　　表 1-8

	常见故障	产生原因	维护方式
自动查询机	读写器故障	天线干扰,受到电磁场的干扰造成读卡失败	更换走卡机,带回处理
	工控机干扰串口故障	工控机在长时间工作后会出现串口故障,造成某一模块通信故障	更换模块通信串口
	UPS 故障	UOS 瞬间跳电,外部电源不稳定,计算机发出关机命令,关闭计算机	重新启动计算机
	纸币故障	卡钞、钞箱故障、纸币传感器受污损、纸币器升级	打开纸币识别器查找出卡钞部位并将纸币取出,手动硬件恢复、打开纸币箱、转动白色齿轮,适当位置,用吹起
	授权失败	通信故障,导致授权信息无法上传	按通信故障方法解决
	充值按钮消失	系统发现钞箱状态不正常,也有可能是电器干扰	开后门进入暂停服务,然后切换回服务模式
	走卡机故障	贴膜交通卡表面光滑,使走卡机传动皮带摩擦力不足,造成持续退卡失败	重启应用程序,待走卡机开启舱门,用另外一张卡将其从正面推出

45

维 修 工 单

表 1-9

作业时间 ____年____月____日____时____分 至 ____时____分

作业地点 _____ 设备编号 _____

作业令号					
修程			作业周期		
工作内容		质量标准及要求	完成情况（正常打√,异常打×）	备注
	设备外观	查看LED显示屏是否正常,触摸屏是否灵活,提示音是否正常		
	自动售票机	对自动售票机内部进行除尘,对螺丝进行紧固		
	纸币接收器	检查纸币接收器皮带位置是否正确,对其进行除尘		
	纸币找零器	检查纸币找零器皮带位置是否正确,对其进行除尘		
	自动售票机排风扇	检查少量除灰		
	自动售票机内部	检查售票机齿轮、皮带是否完好,有无磨损,并对活动轴与齿轮进行少量加油		
	数据线	整理各类数据线		
	自动检票	检查门翼、显示屏、闸机壳体外形是否完好		
	读卡器	对读卡器内部进行除尘		
	皮带	检查皮带引导轮是否有破损,松动,并对皮带进行张紧		
	感光条	检查光感条是否正常感应,检查指示灯是否有黑点		

作业安全措施

检修前存在问题

检修中存在问题及处理情况

作业工具及耗材			备用配件		
名称	数量	单位	名称	单位	数量

作业人员姓名（不得代签）_____ 共计____人

检修负责人：_____ 工班长：_____ 工程师：_____

日 期：_____ 日 期：_____ 日 期：_____

设备设施保养记录表 表1-10

设备类型		保养时间	年　月　日
保养类型		保养人	
保养设备			
保养内容			
配件更换			

项目 2　乘客信息系统（PIS）

> **导入**
>
> 　　乘客信息系统（Passenger Information System，简称 PIS），分为静态乘客信息系统和动态乘客信息系统，是依托多媒体网络技术，以计算机技术为核心，以车站和车载显示终端为媒介向乘客提供信息服务的系统。
>
> 　　乘客信息系统在地铁出入口、站厅、站台、电梯和扶梯的上下端口、列车车厢内等乘客可视的空间设置等离子显示器、液晶显示器、单行或多行发光二极管显示器、彩色发光二极管显示器、投影墙等现代视频显示装置，并利用这些装置进行信息展示。

 教学目标及建议学时

1. 掌握乘客信息系统的功能。
2. 熟练乘客广播通信子系统通信模式。
3. 掌握 PIS 日常维护流程及故障处理。

建议学时：6 学时，实操。

知识储备

1. 系统组成

（1）静态乘客信息系统包括：城轨城徽、车站标识系统。

城轨城徽标识如图 2-1 所示。

图 2-1　城轨城徽标识

　　标识的组成元素包括：图形符号、颜色、箭头、中英文说明。主要有吊挂式、挂/嵌墙式、落地式和贴附式，如图 2-2 ~ 图 2-5 所示。图 2-6 为其他标识。图 2-7 为导向标识。

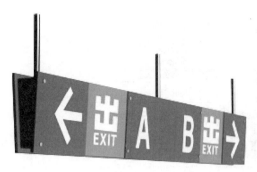

图 2-2　吊挂式

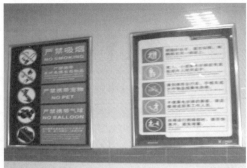

图 2-3　挂/嵌墙式

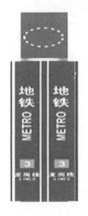

图 2-4　落地式

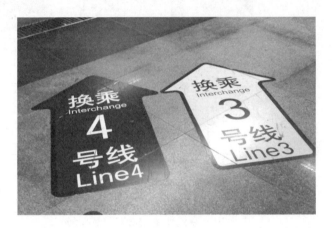

图 2-5　贴附式

自动售票标识	站名标识
客服中心标志	**电梯标志**
无障碍设施标志	**出口标志**

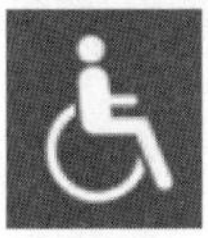

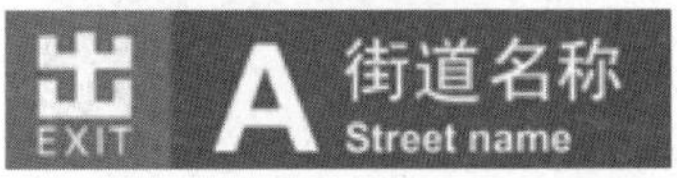

图 2-6　其他标识

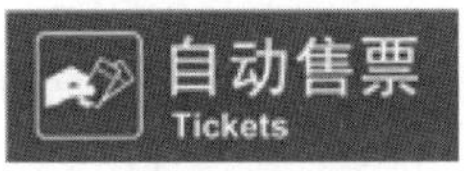

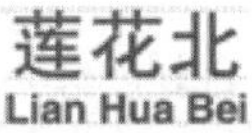

(2)动态乘客信息系统(PIS)是分布计算机系统,由系统总线相连,PIS 系统由驾驶员室和乘务员室控制。PIS 是灵活的系统,可以根据需求添加或精简功能,作为城际铁路和轻轨列车的重要运行系统之一。PIS 系统设备如图 2-8 所示。

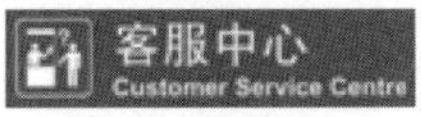

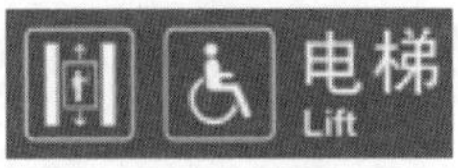

PIS 系统包括 2 个子系统:乘客广播通信子系统(PA);乘客信息显示子系统(PIDS)。

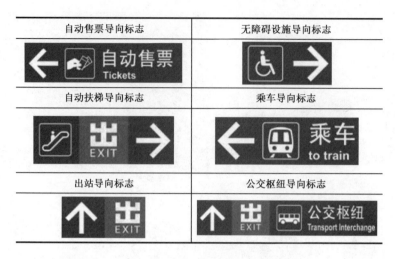

图 2-7 导向标识

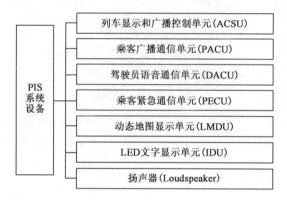

图 2-8 PIS 系统设备

①PA 系统。

乘客广播通信子系统(Public Address,简称 PA),在地铁运营中,主要用于控制中心调度人员、车站值班员、站台值班员向车站旅客进行:

公众语音广播;通告地铁列车运行;安全、向导等服务信息;向工作人员发布作业通知;当车站发生火灾等灾难时,广播系统可兼作消防广播用途,广播包括防灾内容紧急广播。

②PIDS 系统。

乘客信息显示子系统(Passager Infomation Display System,简称 PIDS),通过安装在车厢的 LED 动态地图显示器(LMDU)和文字显示器(IDU)为乘客提供高质量旅行信息。

③PA 子系统通信模式。

驾驶员之间对讲。

驾驶员对客室人工广播。

驾驶员与乘客紧急内部通信。

OCC 对乘客广播。

数字自动广播。

车站广播控制台如图 2-9 所示。车站广播系统机柜如图 2-10 所示。

TG200A 功率放大器如图 2-11 和图 2-12 所示。

图 2-9 车站广播控制台

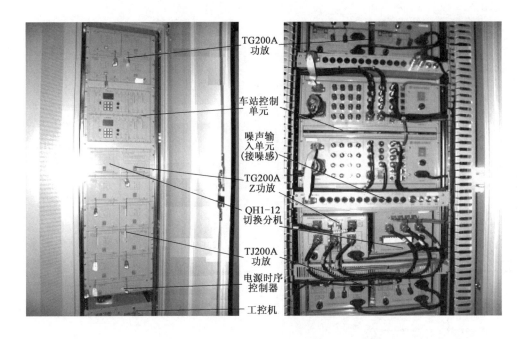

图 2-10 车站广播系统机柜

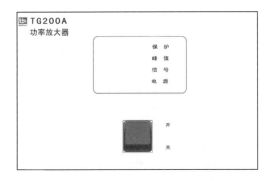

图 2-11 TG200A 前面板图

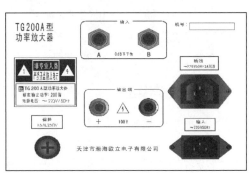

图 2-12 TG200A 后面板图

广播控制单元如图 2-13 和图 2-14 所示。

图 2-13　广播控制单元前面板图　　　　　图 2-14　广播控制单元后面板图

2. 联系与区别

PIS 提供的为动态信息,而车站标识系统提供的是静态信息。

PIS 提供的信息可包含视觉信息和听觉信息,车站标识系统只提供视觉信息。

PIS 提供的信息比城轨车站标识系统丰富。

PIS 部分终端可供乘客自助查询。

一、PIS 常用操作

(一)驾驶室与驾驶室对话

对话图如图 2-15 所示。

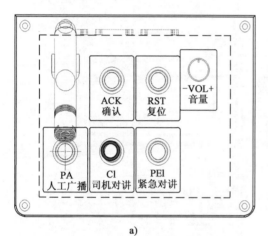 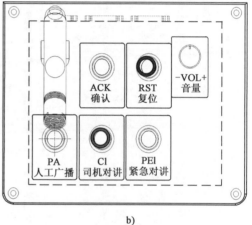

a)　　　　　　　　　　　　　　　b)

图 2-15　对话图

(二)驾驶员对乘客广播

驾驶员按下"乘客广播",可以发起广播。通话结束,驾驶员再按一下"乘客广播"按钮后,结束广播。广播界面如图 2-16 所示。

(三)乘客紧急呼叫

乘客紧急呼叫界面如图 2-17 所示。

二、PIS 日常维护

PIS 日常维护规程如下:

(1)检修人员应严格按照地铁运营条例及规章制度进行操作。

(2)设备维护工作,按时间可分为日常维护和定期维护;按维修方式可分为一般维护、区域维护和重点设备维护。维护工作内容大致包括:查看、检查、调整和修换等现场管理维护工作。

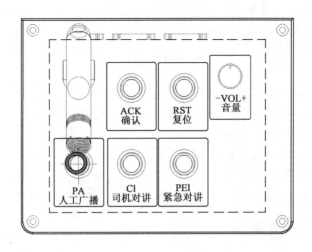

图 2-16　广播界面

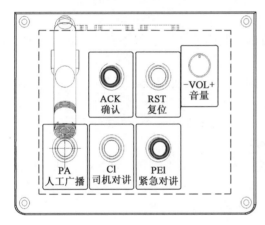 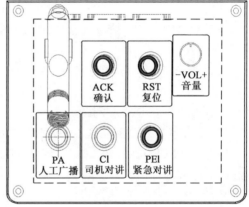

图 2-17　呼叫界面

(3)维护人员应认真执行日检、月检及故障检修。

①日检:每日定时对所有系统运营设备及车辆进行详细检查并排除故障。

日检检查项目包括:所有显示屏、线缆连接处、设备运行情况等。

显示屏亮度、图像偏移及时调节至正确位置。

车厢连接跳线磨损情况随时记录并处理损坏跳线。

②季检:每季定期对所有车辆进行详细检查并排除故障。

季检检查项目包括:所有显示屏状态;线缆连接磨损情况;设备固定是否松动及运行情况等。

③故障排除:发现问题后能现场处理应及时处理,遇特殊情况及时通知有关人员在第一时间到达现场处理。

④检修人员得知出现故障后应在第一时间内到达现场排除并做详细记录。

(4)对发现的问题应及时报告有关人员并作详细记录。

(5)检修人员需在执行维护规程外不定期对所有设备进行巡查,按设备的使用维护说明及特别规定的项目认真检查,并做出详细的记录。

不定期检查是指专业维护人员按照计划和规定的检查周期,根据检查标准,用人的感官和检测仪器对设备进行的比较全面的检查和测定。其目的是查找设备是否有异常变化,掌握零部件的实际磨损情况,以便确定是否进行修理。对检查中发现的问题,应及时进行调整。

(6)如发现软件问题应及时通知软件工程师处理,并积极配合软件工程师的工作。

(7)发生严重故障或重大事故时,要组织人员及时赶赴现场,参与抢修,尽快恢复系统运行,并及时通知有关技术人员和向上级领导汇报。

(8)维护人员应合理保管维护测试工具及设备备件,做好每次检修准备。

(9)维护人员认真做好检修记录并定期归档整理,日志需长期保存。

(10)维护人员实行岗位责任制,保证人身安全及车载系统正常运行。

三、PIS 常见故障处理

(一)人工广播无法建立,故障排查顺序

(1)按下 PA 键后,检查按钮灯是否常亮。如果不亮,是 DACU 本身的故障;如果正常,转下一步。

(2)检查 ACSU 总线驱动器上的第二个指示灯是否常亮。如果不亮,是 ACSU 的故障;如果正常,转下一步。

(3)检查 ACSU 总线驱动器与 PACU 总线驱动器之间的连线是否正常。如正常,转下一步。

(4)检查 PACU 是否有问题。

(二)乘客紧急对讲无法建立,故障排查顺序

(1)按下 PECU 按钮,PECU 上的呼叫灯是否闪烁。如果不闪烁,请检查 PACU 功能是否正常;如果正常闪烁,转下一步。

(2)请检查 ACSU 功能是否正常。如果正常,转下一步。

(3)请检查 DACU 功能是否正常。

(三)LMDU&IDU 无法显示,故障排查顺序

(1)检查 RS485 网络是否连接正常。如果正常,转下一步。

(2)检查 PACU 的 RS485 端口是否正常。

(3)检查 ACSU 功能是否正常。

(4)检查 DDU 的功能是否正常。

(四)车站 PIS 系统检修维护说明

1. 车站巡检

每日定时对所有车站运营设备进行检查。检查项目包括:

(1)显示屏:检查全线 PIS 显示终端有无黑屏、显示混乱、图像偏移、偏色等问题。

(2)利用网管软件查看各站系统间线缆连接情况是否有不通,交换机连接状态是否正常。

(3)检查车控室紧急信息发布平台及内部运营信息发布平台通信功能是否正常。

(4)检查机房内设备工作环境洁净度、温度及湿度是否在正常范围内。

(5)检查上下行有无 ATS 报站信息,报站信息及系统时间是否准确无误。

(6)检查节目片源是否为最新更新内容。

2. 异常情况检修

设备检查时发现如下情况,请按操作顺序依次对设备进行逐项检查:

1)车站 PDP 屏幕全部不亮

(1)当此种情况发生时,请检查车站供电系统是否正常、显示屏是否有电。

(2)请检察 MCS 平台中旅客信息栏、设备是否全被熄灭。请尝试全部打开。

2)一组 PDP 不亮

(1)请先尝试使用遥控器打开显示屏。

(2)检查 PDP 供电电源及设备箱内电源插排是否打开。

(3)检查控制器工作是否正常,使用笔记本接入 PIS 车站交换机,打开命令窗口,用 Ping 命令检测该设备 IP(详见设备 IP 规划表)确认设备处工作状态。如发现不通,请复位重启控制器。并观察设备开机自检是否正常。

(4)检查视频分配器(2 分屏)电源及工作状态,如有异常请更换。

(5)检查控制器与 VGA 分屏器之间信号线是否松动脱落。

3)一组 PDP 中的某一个不亮

(1)请先尝试使用遥控器打开显示屏。

(2)请检查 PDP 是否有电、电源电缆连接是否正常。

(3)检查分屏器与 PDP 之间的 VGA 线缆是否松动脱落。

4)屏幕亮但节目画面停滞不动

(1)请尝试重启控制器,观察开机是否自检。

(2)请尝试重启视频分配器。如无效请更换该设备。

5)PDP 反复显示重启自检信息

(1)请检查控制器电源及运行状态。

(2)确认供电没有问题的情况下,请更换该控制器。

6)PDP 显示偏色、缺色

(1)请先使用遥控器对 PDP 进行色阶调整。

(2)请检查 VGA 分屏器上的 VGA 线缆是否有松动。

(3)用替换的方法检查是否是因 VGA 头接触不良引起的偏色问题。

7)PDP 显示终端无 ATS 信息或信息错误

(1)如全线均无 ATS 时间显示,请用笔记本电脑接入车站交换机,打开命令窗口 Ping MCS 的 FEP 服务器地址,确认网络通信正常。

(2)采用同样的方法检查站台设备网络通信是否正常,如有异常请检查靠近车控室一侧的设备箱,查看供电是否正常,屏体交换机工作是否正常。

(3)以上各项检查如果全部正常时,请报 OCC 中心,检查信号专业是否有数据发出。

8)紧急信息发布不了

(1)通常情况下发生紧急信息发布不了,是由于软件更新造成的,请尝试在主页面上注销,并重启软件即可解决。

(2)如果问题没有得到解决,请打开紧急信息发布平台的命令窗口 Ping 10.68.XX.11(XX 为车站 IP 段,详见 IP 规划表)查看车站接口服务器工作是否正常。若不正常,请尝试重启接口服务器。

(3)再尝试 Ping 10.68.30.1 测试系统网络是否正常,若不正常请检查网络线缆连接。

当需要更换设备时,请在更换备用设备前记录下故障设备所在的位置及故障描述。不能现场更换的做好详细记录后请联系本地售后人员做返修处理。

3. 车站 PIS 设备检修

(1)媒体控制器

打开设备箱检查是否有电,检查各连接器连接是否正确和稳固、线缆是否完整无损;将控制器上的网线与笔记本电脑相连,用命令窗口检查网络连通性。用 IE 登录数据中心界面(10.68.30.11)或请有登录权限的同事帮助查看节目上传记录是否更新完毕。

(2)交换机

打开设备箱检查是否有电、电源插头连接是否正确、设备面板上信号灯是否闪烁。

(3)分屏器

检查电源及连线插头情况、电源指示灯是否亮起,各信号线缆连接是否稳固,显示画面是否缺色等。

(4)显示屏

检查电源及信号线连线是否稳固、信号源是否为 PC 模式,是否有偏移、亮线、色点等问题。注意显示屏清洁。

4. 信号传输线缆检修

(1)检查站与站之间光纤连接是否正常;使用网管软件查看网络拓扑是否有告警。

(2)站内线缆使用线缆测试仪对线缆连通性及短路情况进行测试。

(3)检查各设备连接处 RJ45 水晶头老化及连接情况,查看是否有接触不良现象。

(4)使用笔记本发送大于 5000 字节的数据包,查看各站到中心的网络延迟及丢包率:通常情况下延时在 1~10ms 之间,丢包率小于 5%。

5. 电源检修

(1)检查各车站机房内设备控制开关情况。

(2)检查各设备箱供电源输入是否正常。

(3)检查各设备接线板,使用万用表测量电源输入输出电压是否正确及稳定。

(4)检查电源线是否老化、有无安全隐患。

(5)检查各设备及设备安装箱的接地是否正常。

6. 设备软件检修

(1)由于软件问题导致的黑屏或其他功能失效,请尝试重新启动设备。

(2)更换媒体设备后要对设备进行配置,配置工作是由中心自动配置的,配置前需要在中心界面下对应的设备安装点录入替换设备的 MAC,并更新网络配置即可。

(3)其他软件问题请及时电话通知软件工程师,并协助软件工程师完成现场操作。

乘客信息系统维修工单见表 2-1。乘客信息系统设备设施保养记录表见表 2-2。

维修工单

表2-1

作业号_____   年__月__日__时__分至__时__分

修程	工作内容	作业周期	作业时间	作业地点	完成情况(正常打√,异常打×)	设备编号	备注
	质量标准及要求						
	PIS显示终端				有无黑屏、显示混乱、图像偏移、偏色等问题		
	机房内设备				检查机房内设备工作环境洁净度、温度及湿度是否在正常范围内		
	系统间线缆连接				利用网管软件查看各站系统间线缆连接情况是否有不通,交换机连接状态是否正常		
	媒体控制器				打开设备箱检查是否有电,检查各连接器连接是否正确和稳固,线缆是否完整无损		
	交换机				打开设备箱检查是否有电,电源指示灯是否正常,设备面板上信号灯是否闪烁		
	分屏器				检查电源及信号线缆连接头情况,电源指示灯是否亮起;各信号线缆连接是否稳固,显示画面是否缺色等		
	信号传输线缆检修				检查站与站之间光纤连接是否正常;使用网管软件查看网络拓扑是否有告警		
	电源检修				检查电源线是否老化,有无安全隐患		
	显示屏				检查电源及信号线连接是否稳固,信号源是否为PC模式,是否有偏移、亮线、色点等问题。注意显示屏清洁		

57

续上表

作业令号			作业时间　　　年　　月　　日　　时　　分至　　时　　分		
修程	作业周期		作业地点		设备编号
工作内容		质量标准及要求		完成情况（正常打√，异常打×）	备注
作业安全措施					
检修前存在的问题					
检修中存在问题及处理情况					
作业工具及耗材			备用配件		
名称	单位	数量	名称	单位	数量
作业人员姓名（不得代签）					
				共计　　　人	

检修负责人：　　　　　　　　工班长：　　　　　　　　工程师：
日　　期：　　　　　　　　　日　期：　　　　　　　　日　期：

设备设施保养记录表 表 2-2

设备类型		保养时间	年　月　日
保养类型		保养人	
保养设备			
保养内容			
配件更换			

项目3 出入口控制系统（ACS）

> **导入**
>
> 出入口控制系统（Access Control System，简称 ACS），是采用现代电子设备与软件信息技术，在出入口对人或物的进、出进行放行、拒绝、记录和报警等操作的控制系统，系统同时对出入人员编号、出入时间、出入门编号等情况进行登录与存储，从而成为确保区域的安全、实现智能化管理的有效措施。

 知识储备

就地铁而言，出入口控制系统一般包括：屏蔽门/安全门系统和安检系统。

模块1 屏蔽门/安全门系统的操作与维护

> **导入**
>
> 地铁屏蔽门/安全门系统是一项集建筑、机械、材料、电子和信息等学科于一体的高科技产品，使用于地铁站台。屏蔽门将站台和列车运行区域隔开，通过控制系统控制其自动开启。
>
> 地铁屏蔽门分为封闭式、开式和半高式，其中开式和半高式通常被叫作"安全门"，只起到安全和美观的作用。封闭式的通常才被人们叫作"屏蔽门"，也是最常用的一种。

 教学目标及建议学时

1. 熟悉门禁系统的原理及功能。
2. 了解屏蔽门系统结构。
3. 掌握屏蔽门设备的使用及维护。

建议学时：6学时。

 知识储备

1. 屏蔽门定义及分布

屏蔽门是安装于站台边缘用以将站台区域与轨道区域隔离开来的一系列自动控制的滑动门组成的屏障（英文简称：PSD），屏蔽门分布如图3-1所示。

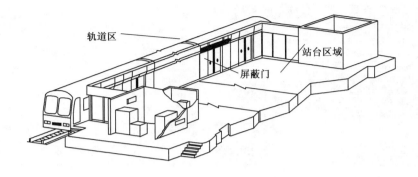

图 3-1　屏蔽门分布

2.屏蔽门系统构成

屏蔽门安全门系统构成图如图 3-2 所示。

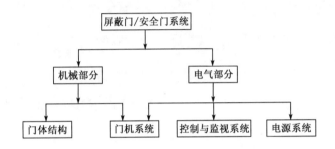

图 3-2　屏蔽门/安全门系统构成图

3.屏蔽门门体

屏蔽门门体如图 3-3 所示。

图 3-3　屏蔽门门体

4.门机部件

门机部件如图 3-4～图 3-7 所示。

5.屏蔽门主要设备介绍

(1) DCU 门控单元

DCU 门控单元位于门机内,是门控制的核心部件,可与手提电脑服务器相连接。如图 3-8 所示。

图 3-4　电机/减速箱

图 3-5　门锁机构——电磁锁

图 3-6　传动皮带

图 3-7　就地供电单元

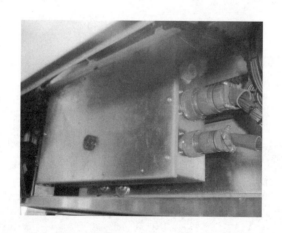

图 3-8　门控单元

（2）PSL——屏蔽门就地操作盘

如图 3-9 所示操作盘位于站台端头位置,具有 2 个钥匙开关、PSL 操作允许开关、ASD/EED 互锁解除开关、指示灯测试按钮、4 个状态指示灯。

（3）PSAP——屏蔽门状态指示盘

PSAP 位于监控亭内,监视单侧或两侧站台。显示站台主要状态/故障信息（信号来自PEDC）,故障声光报警。声光报警可手动复位报警排除故障后复。如图 3-10 所示。

（4）PCS——屏蔽门控制开关

控制开关如图 3-11 所示。

图 3-9 操作盘

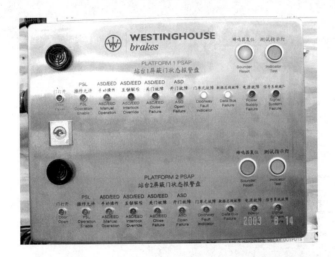

图 3-10 状态指示盘

图 3-11 控制开关

63

（5）PSCC——中央接口盘

中央接口盘如图 3-12 所示。

图 3-12　中央接口盘

一、屏蔽门常用操作

（一）自动操作——系统级控制

自动操作——系统级控制如图 3-13 所示。

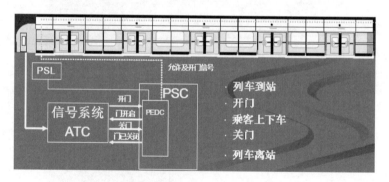

图 3-13　自动操作——系统级控制

（二）手动操作——站台级控制

手动操作——站台级控制如图 3-14 所示。

（三）手动互锁解除——站台级控制

手动互锁解除——站台级控制如图 3-15 所示。

（四）滑动门手动操作

（1）当系统级控制和站台级控制均不能操作屏蔽门时。

（2）在站台侧由站台工作人员用钥匙打开滑动门。

（3）在轨道侧由司机通过车内广播通知乘客使用滑动门上的手动解锁把手自行开启屏蔽门。

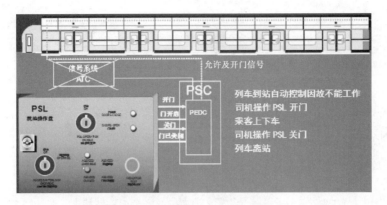

图 3-14　手动操作——站台级控制

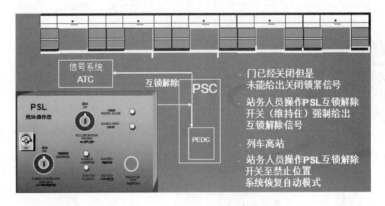

图 3-15　手动互锁解除——站台级控制

(五)门单元的隔离操作

(1)使用钥匙操作模式开关(三位钥匙开关)。

(2)打到隔离位置,该门单元就可被隔离。

(3)打到测试位置,该门单元被隔离而且可以操作顶箱内的测试开关开关门。

门单元隔离装置如图 3-16~图 3-20 所示。

图 3-16　模式开关位置

图 3-17 站台侧滑动门门锁

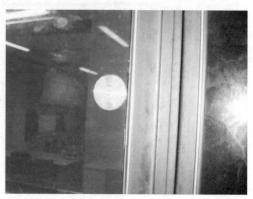
图 3-18 轨道侧滑动门解锁装置

图 3-19 站台侧应急门门锁

图 3-20 轨道侧应急门紧急推杆

二、屏蔽门日常维护

(一)日常巡视时应注意的问题

(1)注意观察站台人群的拥挤情况,维护好乘客候车的秩序。
(2)检查屏蔽门门体有无破损,玻璃有无爆裂。
(3)检查滑动门开关是否顺畅。
(4)检查地坎的垃圾和积尘是否影响到滑动门的开关。
(5)检查站台侧屏蔽门有无漏渗水的现象。

(二)屏蔽门夹人夹物应急处理补充规定

车门和屏蔽门关闭之际,站台保安/站台人员应尽可能提前阻止乘客抢上抢下,发现夹人夹物后,就近人员须第一时间采取有效措施:立即按压紧急停车按钮(在去按压紧停按钮的途中,可向司机显示停车手信号),避免夹人夹物动车。

(三)列车紧制停车后

(1)列车紧制停车后,夹物车门在站台区域时,站台保安/站台人员立即赶到现场确认被夹物体是否影响乘客和行车安全。

（2）确认被夹物体影响乘客和行车安全或无法确认被夹物体是否影响乘客和行车安全时，按照夹物处理。

（3）确认被夹物体不影响乘客和行车安全时，站台保安/站台人员立即将确认情况报告车控室。车控室接报后，立即取消紧停，并报行调通知司机可继续运行至前方站处理（可能造成非站台车门夹人夹物的车站除外）。

三、屏蔽门常见故障处理

（一）屏蔽门故障处理分析流程

1. 系统级

系统级屏蔽门故障处理分析流程如图 3-21 所示。

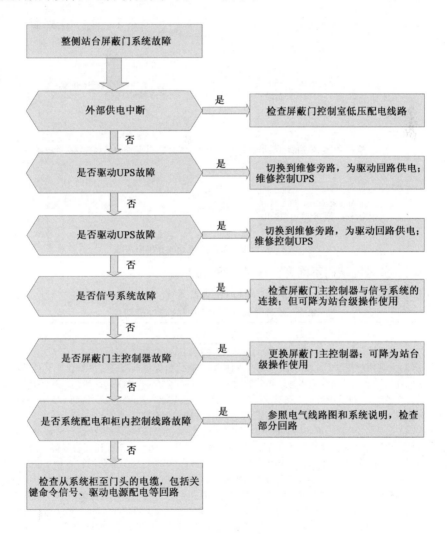

图 3-21　系统级屏蔽门故障处理分析流程图

2. 站台级

站台级屏蔽门故障处理分析流程如图 3-22 所示。

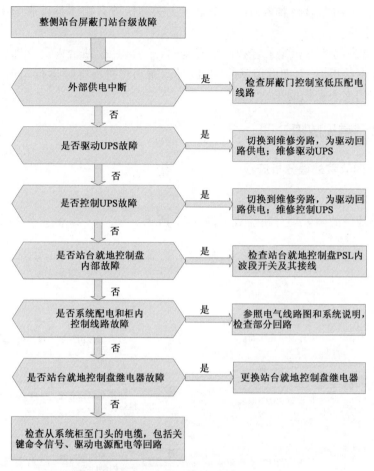

图 3-22 站台级屏蔽门故障处理分析流程图

(二)单个/多对屏蔽门不能开门故障处理程序

单个/多对屏蔽门不能开门故障处理程序见表 3-1。

单个/多对屏蔽门不能开门故障处理程序　　　　　表 3-1

故障现象	处理程序	责任人
单个或多对屏蔽门不能开门	(1) 接到屏蔽门故障通知后,视各站具体情况尽快到达故障点。 (2) 发现两对及以下屏蔽门不能开启,立即通知司机、报告行车值班员:"站台××对屏蔽门不能开启",并引导乘客从其他开启的屏蔽门下车,同时"隔离"操作关闭故障门(操作所需时间约为 5 秒钟)。确认乘客上下完毕及站台安全后向司机显示"好了"信号。待列车离开站台后,在故障门上张贴"此门故障,暂停使用"告示,加强现场安全监控。 (3) 发现三对及以上屏蔽门不能开启,立即通知司机、报告行车值班员:"站台××对屏蔽门不能开启",必要时立即前往故障的屏蔽门单元处采用开门钥匙人工操作开启屏蔽门(操作一道门所需时间约为 10 秒钟),并根据客流情况,保证每节车厢对应的屏蔽门有一对及以上屏蔽门在开启状态,并引导乘客从其他开启的屏蔽门下车。确认乘客上下完毕及站台安全后向司机显示"好了"信号。待列车离开站台后,采取人工方式关闭故障门,关闭的故障门通过"隔离"操作断电(如为相邻的屏蔽门则不能连续关闭两对,并根据站台客流情况,保证每节车厢对应的屏蔽门有一对及以上屏蔽门在开启状态,开启的故障门通过"就地开门"操作保持常开状态),在故障门上张贴"此门故障,暂停使用"告示,加强现场安全监控。 (4) 故障屏蔽门抢修时负责安全防护,在下趟列车到达前 1 分钟,通知维修人员停止抢修;抢修完毕后向行车值班员报告。 (5) 故障屏蔽门单元恢复正常后,撤除屏蔽门故障告示	站务人员

续上表

故障现象	处 理 程 序	责任人
单个或多对屏蔽门不能开门	（1）发现两对及以下屏蔽门不能开启时，使用客室广播通知乘客："本站有屏蔽门故障，请乘客从正常开启的屏蔽门下车"，同时通知车站："××站台有屏蔽门不能开启"，要求协助处理，并报行调。 （2）发现三对及以上屏蔽门不能开启时，使用客室广播通知乘客："因屏蔽门故障，请乘客按屏蔽门上操作手柄旁粘贴的操作指南开门或从正常开启的屏蔽门下车"，同时通知车站："××站台有屏蔽门不能开启"，要求协助处理，并报行调。 （3）确认乘客上下完毕关闭屏蔽门、车门，司机报告行调并得到同意后凭站务人员"好了"信号动车。 （4）动车时注意确认车门与屏蔽门之间的间隙安全	司机
	（1）接到故障通知后，报告行调："××站××站台××对屏蔽门不能开启"，并通知后方站转告司机。 （2）立即通知站务人员前往协助处理故障屏蔽门。发现三对及以上屏蔽门不能开启时，还要通知值班站长、厅巡等前往协助处理故障屏蔽门，加强对站台的监控及广播引导乘客上下车。 （3）通知环调，环调通知检修人员处理，如不能处理好，通知维修组织抢修。 （4）维修人员到达现场后，根据车站的客流情况，指示维修人员进行抢修。 （5）接到抢修完毕的通知后，向行调、维调汇报，并通知后方站本站屏蔽门恢复正常。 （6）在维修过程中需开关整侧屏蔽门时需报行调，得到行调同意后，维持好站台秩序方可操作	行车值班员
	通知全线司机进入该车站加强瞭望，注意安全	行调

（三）某侧站台所有屏蔽门不能开门故障处理程序

某侧站台所有屏蔽门不能开门故障处理程序见表3-2。

某侧站台所有屏蔽门不能开门故障处理程序　　　　　　　　表3-2

故障现象	处 理 程 序	责任人
所有屏蔽门不能开门	（1）接到屏蔽门故障通知后，视各站具体情况尽快到达故障点。 （2）发现所有屏蔽门不能开启，立即通知司机、报告行车值班员："站台所有屏蔽门不能开启"。接到车控室"手动开启屏蔽门"的指令后，在站台侧采用开门钥匙人工开启屏蔽门（操作一道门所需时间约为10秒钟），并根据站台客流情况，保证每节车厢对应的屏蔽门有一对及以上屏蔽门在开启状态，做好站台安全防护，并引导乘客上下列车。确认乘客上下完毕及站台安全后向司机显示"好了"信号。 （3）待列车离开站后，采取人工方式关闭故障门，关闭的故障门通过"隔离"操作断电（如为相邻的屏蔽门则不能连续关闭两对），并根据站台客流情况，保证每节车厢对应的屏蔽门有一对及以上屏蔽门在开启状态，开启的故障门通过"就地开门"操作保持常开状态），在故障门上张贴"此门故障，暂停使用"告示，加强现场安全监控。 （4）故障屏蔽门抢修时负责安全防护，在下趟列车到达前1分钟，通知维修人员停止抢修；抢修完毕后向行车值班员报告。 （5）故障屏蔽门单元恢复正常后，撤除屏蔽门故障告示	站务人员
	（1）发现所有屏蔽门不能开启时，立即通知车站"××站台所有屏蔽门不能开启"，要求协助处理，并报行调。 （2）使用客室广播通知乘客："因屏蔽门故障，请乘客按屏蔽门上操作手柄旁粘贴的操作指南开门下车"，并报行调。 （3）确认乘客上下完毕，司机报告行调并得到同意后凭站务人员"好了"信号动车。 （4）动车时注意确认车门与屏蔽门之间的间隙安全	司机
	（1）接到故障通知后，报告行调："××站××站台所有屏蔽门不能开启"，并通知后方站转告司机。经行调同意在综合后备控制盘（IBP）上操作尝试开启屏蔽门。 （2）若屏蔽门仍不能开启，则通知值班站长、厅巡、站务人员前往站台协助处理故障屏蔽门。加强对站台的监控及广播引导乘客候车。 （3）通知环调，环调通知检修人员处理，如不能处理好，通知维修组织抢修。 （4）维修人员到达现场后，根据车站的客流情况，指示维修人员进行抢修，并通知站台岗。 （5）接到抢修完毕的通知后，向行调、维调汇报，并通知后方站本站屏蔽门恢复正常。 （6）在维修过程中需开关整侧屏蔽门时需报行调，得到行调同意后，维持好站台秩序方可操作	行车值班员
	通知全线司机进入该车站加强瞭望，注意安全	行调

模块 2　安检系统的操作与维护

> **导入**
> 危险品安全检查是指铁路部门依法对旅客携带品以及托运人托运行李、包裹的安全检查,安检仪起到了至关重要的作用。

 教学目标及建议学时

1. 掌握安检仪的工作原理及结构。
2. 掌握安检仪的操作和危险物品的甄别。
3. 熟悉安检仪的日常维护。

建议学时：6 学时。

 知识储备

1. 安检设备的认识

安检设备如图 3-23 ~ 图 3-27 所示。

图 3-23　安检仪

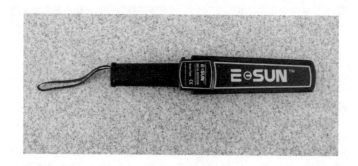

图 3-24　手持金属探测器

图 3-25 安检门

a)

b)

图 3-26 防爆罐、防爆围栏

a)
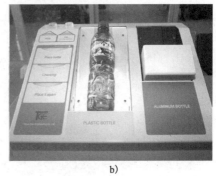
b)

图 3-27 液体检测仪

2. X 射线成像原理

X 射线成像原理如图 3-28 所示。

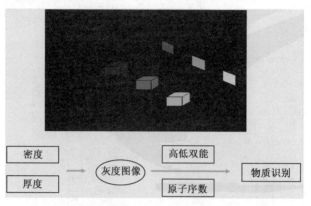

图 3-28　X 射线成像原理

扫描图像示例如图 3-29 所示。

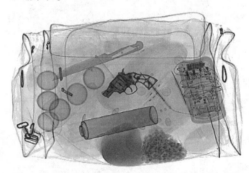

图 3-29　扫描图

3. 安检仪系统结构组成

安检仪系统结构组成如图 3-30 所示。

4. 操作键盘

操作键盘说明如图 3-31 所示。

5. 铁路禁止携带物品目录

（1）枪支、械具类（含主要零部件），包括：

①公务用枪：手枪、步枪、冲锋枪、机枪、防暴枪等。

②民用枪：气枪、猎枪、小口径射击运动枪、麻醉注射枪等。

③其他枪支：仿真枪、道具枪、发令枪、钢珠枪、催泪枪、电击枪、消防灭火枪等。

④具有攻击性的各类器械、械具：警棍、催泪器、电击器、防卫器、弓、弩等。

（2）爆炸物品类，包括：

①弹药：各类炮弹和子弹等。

②爆破器材：炸药、雷管、导火索、导爆索、爆破剂、手雷、手榴弹等。

③烟火制品：礼花弹、烟花、鞭炮、摔炮、拉炮、砸炮、发令纸以及黑火药、烟火剂、引线等。

（3）管制刀具：匕首、三棱刀（包括机械加工用的三棱刮刀）、带有自锁装置的弹簧刀以及其他类似的单刃、双刃、三棱刀等。

①易燃、助燃、可燃毒性压缩气体和液化气体：氢气、甲烷、乙烷、丁烷、天然气、乙烯、丙

烯、乙炔(溶于介质的)、一氧化碳、液化石油气、氧气、煤气(瓦斯)等。

②易燃液体:汽油、煤油、柴油、苯、乙醇(酒精)、丙酮、乙醚、油漆、稀料、松香油及含易燃溶剂的制品等。

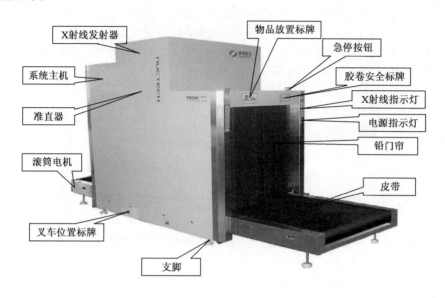

a) 安检仪右侧标识

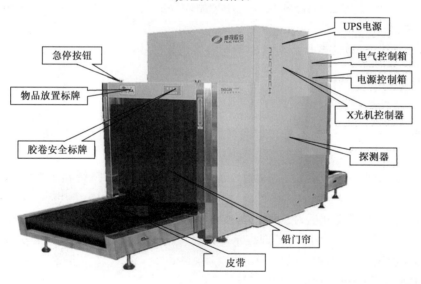

b) 安检仪左侧标识

图 3-30 安检仪系统结构组成

③易燃固体:红磷、闪光粉、固体酒精、赛璐珞等。

④自燃物品:黄磷、白磷、硝化纤维(含胶片)、油纸及其制品等。

⑤遇水燃烧物品:金属钾、钠、锂、碳化钙(电石)、镁铝粉等。

⑥氧化性物质和有机过氧化物:高锰酸钾、氯酸钾、过氧化钠、过氧化钾、过氧化铅、过氧乙酸、注氧化氢等。

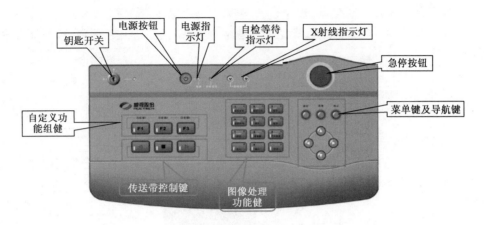

图 3-31　操作键盘说明

（4）毒害品：氰化物、砒霜、毒鼠强、汞（水银）、剧毒农药等剧毒化学品以及硒粉、苯酚、生漆等。

（5）腐蚀性物品：盐酸、硫酸、硝酸、氢氧化钠、氢氧化钾、蓄电池（含氢氧化钾固体或注有碱液的）等。

（6）放射性物品：放射性同位素等。

（7）传染病病原体：乙肝病毒、炭疽菌病毒、结核杆菌、艾滋病病毒等。

（8）《铁路危险货物品名表》所列除上述物品以外的其他物品以及不能判明性质可能具有危险性的物品。

（9）国家法律、行政法规规定的其他禁止乘客携带的物品。

一、安检仪常用操作

（一）开机过程

（1）检查电子秤上是否有行李包裹或外力作用，检查键盘"自检等待指示灯"是否处于熄灭状态。

（2）将键盘"钥匙开关"里钥匙顺时针旋转至"开"位置；此时，键盘上"电源指示灯"应亮起。

（3）"电源指示灯"亮起后，按下"电源按钮"，设备上电启动；约90秒后，显示器下方"系统信息"显示"初始化校正表成功"，即表示开机过程结束，可以开始行包称重安检。

开机顺序如图 3-32 所示。

系统控制信息显示区域如图 3-33 所示。

图像信息显示：显示当前图像的处理方式。

传送带：显示当前传送带的状态。

输入法：显示当前输入法信息。

物品数：显示已经扫描的物品数。

系统信息：显示当前系统运行的状态信息。

放大调节：拖动滑块，调整对图像的放大比例。

用户：显示用户 ID。

图像位置：显示当前扫描图像的列数。

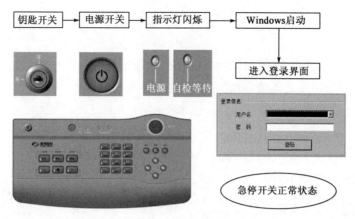

图 3-32　开机顺序

图 3-33　信息显示

时间：显示当前系统时间。

 小贴士

（1）如果传送带在扫描过程中被停下来，那么继续检查时传送带会先倒退一段，这样可以避免 X 射线图像中出现中断。

（2）只有通道内有物品扫描时，X 光机才出束，X 射线指示灯才亮起。

（3）如果系统菜单弹出，传送带会停下来。

（二）设备关机过程

（1）将键盘"钥匙开关"里钥匙逆时针旋转至"关"位置；此时显示器关闭，键盘"电源指示灯"熄灭，"自检等待指示灯"闪亮。

（2）约 90 秒后，电子秤及屏显关闭，键盘"自检等待指示灯"熄灭，即表示关机过程结束。

（三）操作注意事项

（1）设备完全关闭后才能再次上电启动。

（2）设备正常使用时，禁止去除任何外罩板。

（3）禁止人体的任何部位（或其他活体）进入通道。

（4）设备必须接地良好。

（5）设备在使用过程中，必须有人看守。

（6）设备正常使用时或关闭后，禁止按下任何急停开关。

（7）若设备出口端堆积行包时，应停止传送带；等待行包清理完后再启动传送带继续检查。

（8）设备使用过程中应禁止任何液体流入设备内部；如果发生类似情况，必须立即关机清理。

（四）常用图像处理法

1．高能穿透

功能效果：提高难以穿透、高吸收率的物质（对应于图像中灰暗区域）的对比度，从而可以检查到隐藏于难以穿透物体后面的物品;而易穿透物质则被滤除。

2. 超级增强

功能效果:获得整幅图像的最佳对比度,使易穿透物体和难穿透物体同时在屏幕上显示出来。即使隐藏于金属板之间的低密度物质,也很容易分辨。

3. 有机物剔除和无机物剔除

有机物剔除:使用该功能时,有机物显示为黑白图像。无机物和被较薄有机物覆盖的无机物将被突出显示出来,颜色为蓝色和绿色。

无机物剔除:使用该功能时,无机物显示为黑白图像。有机物,即由轻质物质构成的物体,以及被较薄无机物覆盖的有机物,将被突出显示出来,颜色为橙色和绿色。

4. 图像回拉

图像回拉如图 3-34 所示。

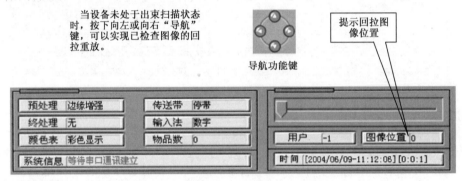

图 3-34　图像回拉

二、安检仪的日常维护

(一)维修安全注意事项

(1)维修过程中,不能有异物、水滴进入设备,避免引起设备损坏或者安全事故。

(2)设备中有大量工作电压为 220V 的器件,普通保养必须在断电时进行,如果要带电操作,必须由经过相关培训的人员进行,而且要做好防触电工作。

(3)设备中有大量精密的电子器件,在维修前要做好防止静电损坏器件的准备工作。

(4)设备多处有用于防止射线泄露的铅防护层,操作过程中最好带上棉布手套,不能戴手套的情况,工作结束后立即洗手。

(5)设备通电前应该再做仔细检查,确认接线正确,没有错接、短接的情况。

(6)开启射线之前,要盖好盖板,避免射线的照射引起的人身伤害。

(二)日常保养内容

(1)显示器、键盘及光障是否清洁。

(2)检查传送带是否有严重划痕和损坏。

(3)检查电源指示灯、X 射线指示灯是否损坏。

(4)检查操作键盘上各按键按下后是否可迅速恢复,有无阻涩感觉。

(5)检查设备出入口的铅门帘是否有损坏和缺失。

(6)检查电动滚筒是否漏油。

(7)将同一物体放置于电子秤上不同位置时,重量显示是否准确一致。

三、安检仪常见故障处理

(一)杂乱条纹背景

设备运行一段时间后,特别是当设备连续出束扫描较长时间后,屏幕图像有时会出现杂乱的橙色条纹背景。如图 3-35 所示。

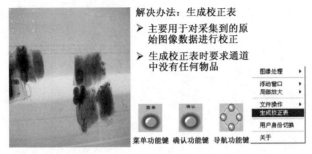

图 3-35　屏幕杂乱

1. 故障现象

设备因非正常关机等原因造成设备关机后"自检等待指示灯"闪烁不停(超过 5 分钟)。

2. 解决办法

"自检等待指示灯"闪烁不停说明设备计算机未完全断电关闭。须先将键盘钥匙顺时针旋转至"开"位置并按下"电源按钮",然后打开设备计算机旁罩板,将计算机复位,设备即开始正常启动。

(二)电源指示灯未亮

1. 故障现象

开机时,将钥匙旋转至"开"位置后,"电源指示灯"未亮。

2. 解决办法

(1)检查设备出入口端及操作键盘上的 5 个急停开关是否有被按下的。
(2)检查设备外接电源是否正常,是否存在电源插头松动情况。
(3)检查操作键盘后电缆插头是否松动。
(4)检查设备两侧中间罩板是否盖严锁好。
(5)检查设备罩板内电气控制箱上空气开关和总保险管 FU1 是否正常。

(三)键盘不响应

1. 故障现象

系统死机,不响应键盘及鼠标操作。

2. 解决办法

将设备关机后,重新启动设备。

(四)传送带不动作

1. 故障现象

设备开机后,按下"前进"或"后退"按钮,传送带不动作,但是按钮指示灯已亮起。

2. 解决办法

检查设备电气控制箱上滚筒电机保险管 FU2 是否烧毁。
出入口控制系统维修工单见表 3-3。出入口控制系统设备设施保养记录表见表 3-4。

表3-3

维修工单

作业时间 ____年__月__日__时__分 至 __时__分

作业地点 _____ 设备编号 _____

作业令号				
修程	作业周期	工作内容	质量标准及要求	完成情况（正常打√，异常打×）	备注
		屏蔽门门体	检查屏蔽门门体有无破损,玻璃有无爆裂;检查滑动门开关是否顺畅;检查地坎的垃圾和积尘是否影响到滑动门的开关;检查站台侧屏蔽门有无漏水的现象		
		显示器	检查显示器、键盘及光障是否清洁		
		安检仪传送带	检查传送带是否严重划痕和损坏		
		电源指示灯、X射线指示灯	检查操作键盘上各按键按下后是否可迅速恢复,有无阻涩感觉;检查设备出入口的铅门帘是否有损坏和缺失;将同一物体放置于电子秤上不同位置时,重量显示是否准确一致		
		屏蔽门	检查站台侧屏蔽门有无渗水的现象;检查滑动门开关是否顺畅		
		安检仪	设备通电前应该再做仔细检查,确认接线正确,没有错接、短接的情况		
		信号传输线缆检修	检查站与站之间光纤连接是否正常;使用网管软件查看网络拓扑是否有告警		
		电源检修	检查电源线是否老化,有无安全隐患		

78

续上表

作业令号		作业时间		年　月　日　时　分至　时　分	
修程	作业周期		作业地点		设备编号
工作内容		质量标准及要求		完成情况（正常打√，异常打×）	备 注
作业安全措施					
检修前存在的问题					
检修中存在问题及处理情况					
作业工具及耗材			备用配件		作业人员姓名（不得代签）
名称	单位	数量	名称	单位	数量
					共计　　人

检修负责人：　　　　　　　　　工班长：　　　　　　　　　工程师：
日　期：　　　　　　　　　　　日　期：　　　　　　　　　日　期：

设备设施保养记录表

表 3-4

设备类型		保养时间	年　月　日
保养类型		保养人	
保养设备			
保养内容			
配件更换			

项目4　低压配电及照明系统

> **导入**
> 　　城市轨道交通车站低压配电系统是地铁供电网络中一个重要的系统,承担了除给电动车组供电以外,还给所有低压负荷提供电能的重要任务,保证了所有动力照明设备配电的安全、可靠、有效、经济。

知识储备

1. 提供地铁运营的动力能源——电能。
2. 地铁供电电源一般取自城市电网。
3. 通过输送或变换,以适当电压等级供给设备。
4. 根据用电性质不同,地铁供电系统分为两部分:
(1)以牵引变电所为主组成的牵引供电系统。
(2)以降压变电所为主组成的动力照明供电系统。

模块1　低压配电系统的操作与维护

> **导入**
> 　　城市轨道交通车站低压配电系统是地铁供电网络中一个重要的系统,承担了除给电动车组供电以外,还给所有低压负荷提供电能的重要任务,保证了所有动力照明设备配电的安全、可靠、有效、经济。

教学目标及建议学时

1. 熟悉地铁供电系统供电方式。
2. 掌握低压配电及照明系统的构成及功能。
建议学时:6学时,实操。

知识储备

1. 低压配电系统的构成

低压配电系统的构成:电源(来源介绍)、输电线路、负荷。此三部分即是车站低压配电室开关柜、低压电缆线路、设备配电箱。

2.低压配电系统的分布

变电所低压室、低压配电室各一座,分别布置在站台层两端,各负责半个车站及区间的负荷。

环控电控室两座,布置在站厅层两端,各负责半个车站的环控负荷。

照明配电室四座,分别布置在站台和站厅层两端。

蓄电池室两座,位于站台层两端。

3.分类

(1)按用途分

低电配电系统包括动力和照明两大类。

(2)按供电重要程度分

低电配电系统包括一级负荷、二级负荷、三级负荷三大类。

4.低压配电设备

(1)低压开关柜

低压配电设备是一个或多个低压开关设备和与之相关的控制、测量、信号、保护、调节等设备,由制造厂家负责完成所有内部的电气和机械的连接,用结构部件完整地组装在一起的一种组合体。低压开关柜如图4-1所示。

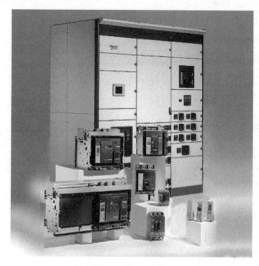

图4-1 低压开关柜

低压开关柜由以下部分组成:

①柜体:开关柜的外壳骨架及内部的安装、支撑件。

②母线:一种可与几条电路分别连接的低阻抗导体。

③功能单元:完成同一功能的所有电气设备和机械。

④部件:包括进线单元和出线单元。

(2)防淹门控制柜

防淹门控制柜安装于过江隧道两端防淹门控制室及车站站控室,用于防淹门的操作控制。控制柜如图4-2所示。

(3)电源配电箱、电源切换箱

电源配电箱、电源切换箱安装于车站各动力用电设备(如:自动扶梯、水泵、信号设备、通信设备、自动售检票设备)附近,提供设备所需电源。配电箱如图4-3所示。

图 4-2　控制柜

图 4-3　配电箱

一、低压配电系统常用操作

低压配电系统常用操作主要为低压开关柜安全操作。

(1)停电或送电之前,必须与用户联系好。

(2)停电后必须检电,检修电容器柜时,还必须放电。确认无电后,方可接触导电体。

(3)联络柜的操作:

联络柜是双投闸刀开关,向上合闸是用本室辅助变压器,向下合闸是用来自北井配电室的备用电源。在总柜未停电的情况下,严禁操作此柜。

(4)总柜及5号分柜的操作。

①停电。

a.按柜面"停电"按钮,空气断路器跳闸。如果不跳闸,就打开柜门,推按断路器上"0"字牌,使其跳闸。跳闸后,断路器窗口显示"0"字,柜面绿灯亮,红灯灭。

b.拉下柜面操作手柄,使隔离开关断开。

②送电。

a. 推上柜面操作手柄,使隔离开关闭合。

b. 按柜面"储能"按钮,进行储能,显示"已储能"。

c. 按柜面"起动"按钮,断路器合闸,窗口显示"1"字,柜面红灯亮,绿灯灭。

d. 如果按钮失效,就用储能手柄插入断路器的方孔内,上下摇动手柄进行储能,直到显示"已储能"为止。然后,推按断路器上的"1"字牌,使其合闸,窗口显示"1"字,柜面红灯亮,绿灯灭。

(5) 6号分柜的操作。

① 6号分柜的隔离开关必须用专用手柄进行操作,拉开时,反时针转动手柄,使箭头指向"0"处;合上时,顺时针转动手柄,使箭头指向"1"处。

② 空气断路器的分合闸同5号分柜。

(6) 1号、2号、3号分柜的操作。

在无负荷的情况下,停电或送电直接拉下或合上柜面所示用户的隔离开关。

(7) 4号分柜的操作。

敞开柜门。停电或送电,扳下或合上所示用户的空气开关。需全部停电时,才拉下柜面隔离开关手柄;送电时,先合上隔离开关,后合空气开关。

二、低压配电系统日常维护

(1) 巡视设备外观、污染、机械损伤。

(2) 巡查设备运行状态,听、看、嗅,查抄电压电流表,有无故障报警指示。

(3) 检测设备运行温度。

(4) 巡查设备房温度。

(5) 巡查线路外观、污染、机械损伤、外皮温度、过载老化、接头温度。

(6) 巡查灯具、外壳防护、光源。

(7) 建立设备巡视记录,记录、对比分析各次检查数据。

(一)低压配电设备维护保养步骤

(1) 低压配电设备维护保养三部曲:

配电间日常巡视→检配电设备定期维护保养→配电设备不定期检查维护。

(2) 规范配电间的图例

配电间如图4-4所示。防水防鼠挡板如图4-5所示。

(二)系统设备月度维护保养内容

(1) 电器元件桩头螺钉紧固。

(2) 配电设备线路测试。

(3) 维修或更换损坏的配电设备及配件。

(4) 清洁配电房内各配电柜。

(5) 机房环境检查。

(三)系统设备年度维护保养内容

(1) 开关设备和电缆绝缘检测。

(2) 电气开关安全试验。

(3) 月度维护保养内容。

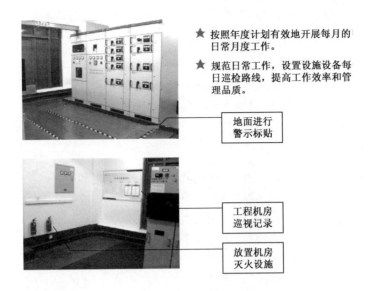

图 4-4 配电间

图 4-5 防水防鼠挡板

三、低压配电装置常见故障处理

(一) 常见故障处理

1. 母线连接处过热的处理

在实际运行中,母线接触处要用示温蜡片进行监视。如果发现母线连接处过热,应立即采取相应的措施,其处理办法有:

(1) 如果母线是过负荷运行,应立即减轻负荷。

(2) 如果母线接触不良,应检查其原因,再采取相应的措施。如果是对接螺栓过松或过紧,对螺栓的松紧进行调节即可;如果是螺母滑扣、弹簧垫圈等失效,应对其进行更换。

2. 运行中三相不平衡的处理

(1) 如果是配电变压器的二次侧三相电压不平衡,应调节或更换变压器;如果是三相负荷不平衡,应调整三相负荷。

(2) 如果是相线接地引起的不平衡,应查明地点并排除故障。

(3) 如果是配电变压器的二次侧的零线断路,应查明地点并重新接好零线。

3. 熔体熔断的处理

(1) 如果是负载发生短路引起的故障,应检查并排除故障。

(2)如果是过负荷引起的故障,应减轻线路负荷或停止部分负荷的运行。

(3)如果是配电盘以上的线路短路,应查明短路点并进行处理。

4.配电盘上的电器烧坏的处理

(1)如果是接线错误引起的短路,应检查并重新接线。

(2)如果是电器容量过小,应更换大容量的电器。

(3)如果环境恶劣,污染严重,应采取防尘措施或更换防尘能力强的电器。

5.电压过低的处理

(1)如果是系统电压过低,应与供电部门联系,提高系统电压。

(2)如果是负荷过大引起的,应减轻负荷。

(3)如果低压线路过长,应更换截面积较大的导线。

(4)如果是变压器调节开关调节不当,应重新调整调节开关的位置。

(二)突发性故障的处理

实例:6月下旬,杭州连日降雨,雨量较大。24日,小区3号楼配电间的配电箱进水,其原因是电缆穿墙孔封堵不严,雨水顺着电缆流进配电箱。因为是公共区域的配电箱,并发现及时,所以未影响到业户的正常用电,后经电力部门的配合,妥善处理了此次突发事件,于当天恢复供电。

配电间渗水图如图4-6所示。应急维修如图4-7所示。

(1)在遇到恶劣天气的情况下,我们要及时地对设备机房进行巡视检查。

(2)对于设备设施存在缺陷和隐患的机房进行重点监护。

图4-6 配电间渗水图

(3)处理此类事件的先决条件就是一定要保证人身安全,在这次的案例中,我们所使用到的是绝缘靴、绝缘手套,有效避免了触电的危险。

(4)处理事故对我们操作人员的要求:科学、细心、谨慎。

图 4-7　应急维修

模块 2　照明系统的操作与维护

> 导入
> 地铁内终日不见自然光,因此照明系统对于空间氛围的营造举足轻重,影响人在地铁车站环境中的情绪、健康、安全及车站整体装饰效果。

 教学目标及建议学时

1. 熟悉照明系统的分类。
2. 描述车站照明系统的设置。
3. 照明系统的日常维护及常见故障处理。

建议学时:6 学时,实操。

 知识储备

1. 照明系统分类

地铁的建筑特点决定了照明的多样性。

$$\left.\begin{array}{l}\text{事故照明}\\ \text{应急照明}\\ \text{节电照明}\\ \text{疏散诱导指示照明}\end{array}\right\}\text{一级负荷}$$

$$\left.\begin{array}{l}\text{一般照明}\\ \text{标志照明}\\ \text{广告照明}\\ \cdots\end{array}\right\}\text{二级负荷}$$

照明系统按区域划分:出入口照明;公共区照明;区间隧道照明;电缆廊道照明。

2.照明系统的配电方式

(1)站台站厅等一般照明——交流双电源交叉方式供电。

(2)事故照明的配电。

采用交流双电源互为备用供电,一路失电另一路自投。

当两路电源均失电后,事故照明由车站两端设备的事故照明电源装置——蓄电池供电。

事故配电方式如图4-8所示。

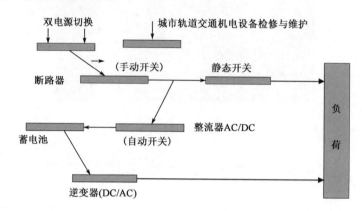

图4-8 事故配电方式

3.事故照明的配电设置

侧墙上诱导标志灯间距10~15m,高度距地面1m。

安全(疏散)出口标志灯应安装在出口的顶部或靠近出口上方的墙面上。

标志灯的下边缘距门的上边缘不宜大于0.3m,并与疏散方向垂直。

标志灯的方向应指向最近的安全出口。

当安全出口或疏散出口位于疏散走道侧面时,应在其前方位置的顶棚下设置疏散标志灯。

4.疏散诱导设置

(1)疏散诱导标志照明的设置

疏散标志如图4-9所示。

图4-9 疏散标志

(2)设置疏散诱导标志照明的位置

车站出入口,人行通道,站厅站台侧墙,人行通道拐弯处,交叉口,安全出口,自动扶梯及楼梯口。

5.广告照明

广告照明分布于站台、站厅公共区,采用日光灯灯箱的形式。一般由照明配电室配电箱统一分配供电,而在某些地铁车站,三级负荷的广告照明与正常的其他照明的供电电源是分开的。

6.区间隧道照明

区间隧道照明安装在两侧壁。

一般照明由设在站台两端隧道入口处区间隧道的一般照明箱配出。如图4-10所示。

每间隔20m一个,70W高压钠灯。

疏散照明每隔20m一个,一般为36W荧光灯。

指示照明、出口指示牌照明每间隔50m设置一个。

7. 照明系统的控制

车站照明系统的三级控制:就地级控制,照明配电室集中控制,站控室集中控制。

8. 就地级控制

各设备及管理用房进门处设有就地开关箱或盒,可控制相应设备及管理用房的一般照明。区间隧道一般照明受设于隧道两端入口处的区间隧道一般照明配电箱控制。

9. 照明配电室集中控制

照明配电室内设有相应照明场所的照明配电箱,可在室内集中控制相应场所的一般照明、节电照明、事故照明及广告照明。正常情况下,配电箱所有开关均应全部合上,以便通过就地级控制和站控制室集中控制相应场所照明。照明配电箱如图4-11、图4-12所示。

图4-10 隧道照明

图4-11 照明配电箱外部示意图

图4-12 照明配电箱内部示意图

一、照明系统常用操作

略。

二、照明系统日常维护

(一)操作安全规范

对于普通工作人员,设备发生故障时,为了不造成更大范围的影响,由工作人员依照"先通后复"原则及相关规则暂作技术处理,并按手续报专业维修人员处理工作。

当发生严重漏水等事故时,工作人员要立刻暂停诸如自动扶梯等设备,以防止设备混电对乘客造成伤害。

当无法确定设备是否接地或者带电时,万不可轻易接触带电设备,做好安全防护,保证其接地后再进行操作。

(二)巡视项目

(1)巡视设备外观,污染、机械损伤。

(2)巡查设备运行状态,听、看、嗅、查抄电压表、电流表,有无故障报警指示。

(3)检测设备运行温度和设备房温度。

(4)巡查线路外观,污染、机械损伤、外皮温度、过载老化,接头温度。

(5)巡查灯具,外壳防护、光源;如发现灯具灯头两端变黑,需进行更换。

(6)建立设备巡视记录,记录、对比分析各次检查数据。

(7)检查设备线路绝缘,严查漏电现象。

(8)进行备用设备检测,如发现设备损坏,立即更换。

(9)定期对蓄电池充放电维护,检测蓄电池溶液位置,如发现溶液容量不达标立即更换。

(10)测量设备三相电流、电压、相序(维修后需检测)。

三、照明系统常见故障处理

(一)短路

短路时,线路电流很大,熔丝迅速熔断,电路被切断。若熔丝选择太粗,则会烧毁导线,甚至引起火灾。其原因大多为接线错误,相线与零线相碰接;导线绝缘层损坏,在损坏处碰线或接地;用电器具内部损坏;灯头内部松动致使金属片相碰短路;房屋失修或漏水,造成线头脱落后相碰或接地;灯头进水等。因此,检修时,可利用试灯来检查短路故障,一般按以下步骤进行:

(1)首先将故障分支线路上的所有灯开关断开,并拔下插头,取下插座熔断器;然后将试灯接在该分支线路总熔断器的两端(应取下熔断器的熔体),串接在被测线路上,随后合闸送电。如果试灯不发光,说明线路正常,应对每一只灯、每一个插座进行检查;如果试灯正常发光,说明该线路存在短路故障,要先找到故障点排除该线路故障,再对每一只灯、每一个插座进行检查。

(2)检查每一只灯时,可依次将每只灯的开关合上,每合一个开关都要观察试灯(试灯的功率与被检查灯的功率应相差不大)是否正常发光(试灯接在总熔断器处)。当合上某只灯的开关时,若试灯发光,则说明故障存在于该灯上,可断电进一步检查。如果试灯不发光,则说明故障不在该灯上,可检查下一只灯,直至查出故障点为止。插座检查亦是如此。

当然,也可用万用表的电阻挡在断电情况下进行电路分割检查来找出故障点。

(二)开路

开路时,电路无电压,照明灯不亮,用电器不能工作。其原因有:熔丝熔断、导线断路、线头松脱、开关损坏、铝线端头腐蚀严重等。

照明电路开路故障可分为全部开路、局部开路和个别开路3种:

(1)全部开路。这类故障主要发生在干线上、配电和计量装置中以及进户装置的范围内。通常,首先应依次检查上述部分每个接头的连接处(包括熔体接线桩),一般以线头脱离连接处这一故障最为常见;其次,检查各线路开关动、静触头的分合闸情况。

(2)局部开路。这类故障主要发生在分支线路范围内。一般先检查每个线头的连接处,然后检查分路开关。如果分路导线截面较小或是铝导线,则应考虑芯线可能断裂在绝缘层内而造成局部开路。

(3)个别开路。这类故障一般局限于接线盒、灯座、灯开关,以及它们之间的连接导线的范围内。通常,可分别检查每个接头的连接处,以及灯座、灯开关和插座等部件的触点的接触情况(对于荧光灯,则应检查每个元件的连接情况)。

(三)漏电

照明线路漏电的主要原因是:

(1)导线或电气设备的绝缘受到外力而导致的损伤。

(2)线路经长期运行,导致绝缘老化变质。

(3)线路受潮气侵袭或被污染,造成绝缘不良。

照明线路一旦出现漏电现象,不但浪费电能,还可能引起触电事故。漏电与短路的本质相同,只是事故发展程度不同而已,严重的漏电可能造成短路。因此,对照明线路的漏电,切不可掉以轻心,应经常检查线路的绝缘情况,尤其是发现漏电现象时,应及时查明原因,找出故障点,并予以消除。通常,查找漏电方法有四步:

(1)首先判断是否确实漏电。可用兆欧表摇测其绝缘电阻的大小,或在总闸刀上接一只电流表,接通全部开关,取下所有灯泡。若电流表指针摆动,则说明存在漏电现象。指针摆动的幅度,取决于电流表的灵敏度和漏电电流的大小。确定线路漏电后,可按以下步骤继续进行检查。

(2)判断是相线与零线间漏电,还是相线与大地间漏电,或者两者兼而有之。方法是切断零线,若电流表指示不变,则是相线与大地漏电;若电流表指示为零,则是相线与零线间漏电;电流表指示变小但不为零,则是相线与零线、相线与大地间均漏电。

(3)确定漏电范围。取下分路熔断器或拉开刀闸,若电流表指示不变,则说明总线漏电;电流表指示为零,则为分路漏电;电流表指示变小但不为零,则表明是总线、分路均有漏电。

(4)找出漏电点。经上述检查,再依次拉开该线路灯具的开关,当拉到某一开关时,电流表指示返零,则该分支线漏电,若变小则说明除这一分支线漏电外,还有别处漏电;若所有灯具拉开后,电流表指示不变,则说明该段干线漏电。依次把事故范围缩小,便可进一步检查该段线路的接头以及导线穿墙处等地点是否漏电。找到漏电点后,应及时消除漏电故障。

上述几种故障,只有我们进行具体的测量和分析,才能准确地找出故障点,判明故障性质,并采取有效措施,使故障尽快消除。

(四)故障应急预案

地下照明系统一旦发生故障,机电值班人员必须立即报告项目部和机电公司生产调度(无论影响时间长短),项目部值班人员接到报告后,应了解清楚故障地点、事故原因、影响范围和现场应急照明情况,尽快确定全线影响范围,迅速将现场情况报告本公司值班领导和运营公司有关部门,通知相关抢险救援小组,立即携带发电机、移动照明灯、工具材料迅速赶往现场,步骤如下:

（1）一旦发生照明系统故障时，现场机电值班人员先确认应急和事故照明情况，尽快联系供电公司电站值班人员了解故障原因，并报告项目部。

（2）值班人员和生产调度，同时根据照明影响范围及事故性质做好装接应急照明的准备。当故障发生在某一车站时，临近车站值班人员听从项目部安排，准备好手提应急灯、工具等抢险用具，随时听命赶赴事故车站增援。

（3）车站发生照明故障时，机电值班人员应尽快判明是否进线失压。使用万用表及试电笔测量相关双电源柜及照明箱进线，检查三相电压是否平衡，是否有失压缺相，如果发现电源进线失压缺相，尽快联系供电值班人员确认故障原因，并随时保持与机电公司调度、项目部的通信联系和信息反馈。如果双电源柜或照明开关箱故障，应先检查事故照明，确认还要做好装接应急抢险临时照明的准备。现场只有一人情况下，不得进行带电抢修和接线工作。如果故障不能处理应视情况通知项目部启动相应的抢险预案和抢险项目部。影响范围不大情况下也要汇报项目部，待夜班再处理，并通知本站变电要求配合。

（4）车站发生双路失压且仅有事故照明时，严禁从事故箱内往外接引临时电源。

（5）车站工作照明、事故照明均发生故障时，现场机电值班人员除立即向生产调度和项目部汇报现场情况外，应根据现场具体情况，取得项目部同意后立即从动力电源控制箱接引临时电源，装接好应急抢险照明。现场机电值班人员除保持与机电公司调度项目部联系外，还应协助车站乘务人员疏散乘客。

（6）发生大面积供电故障，各种照明、动力配电设备设施均发生失压的故障时，现场机电值班人员除立即向生产调度和项目部不间断汇报情况外，还应立即与车站内现场指挥人员，携带手提应急灯等照明工具协助疏散乘客。如需疏散洞内乘客时，应迅速在洞内装接临时抢险照明，为抢险项目部到来提前做好准备，待抢险项目部到达后启动汽油发电机供给临时电源，以确保乘客安全疏散。乘客疏散完毕后，及时拆除洞内临时照明，为恢复供电和通车做好准备。

（7）车站发生渗漏水影响照明灯具线路时，车站机电值班人员应迅速赶到现场，确认进水情况及线路受损情况、影响范围和危害程度，并判断事态发展趋势，马上汇报项目部、生产调度室。根据现场情况，机电值班人员应设法将影响范围和危害程度降至最低，在保障人身安全的前提下，及时对进水线路及时抢修，并断开相关线路电源。当照明灯具线路进水无法控制时，应断开线路电源，并及时为车站接引临时照明，保障乘客安全和列车运营，同时迅速上报。如进水范围影响太大，照明不能保障运营安全时，要迅速报告上级调度，准备抢险抢修，还要通知车站主要负责人准备疏散乘客，保障人身安全。

（8）车站照明线路发生短路起火时，机电值班人员应迅速赶到现场，确认起火地点位置、火势大小、危害程度、人员设备情况，同时确认照明、风机、消防供水等设备状况立即上报机电公司生产调度和项目部。确认起火线路后，及时切断相关电源，做好自身防护，携带照明灯具，启用消防设施、器具进行初期火灾的扑救，确认断电后方可用水扑救。及时清理货源附近易燃物品，火势难以控制时，必须立即拨打火警电话，同时上报，并随时保持联系，及时反馈信息。断开起火照明线路同时检查其他线路照明是否正常，能否保证列车运营和乘客疏散。如果影响范围太大，应立即在站内接引临时照明，以确保乘客安全疏散。扑救火灾后，协同有关单位查找起火原因，白天不能及时修理的，上报机电公司调度和项目部，夜间进行抢修，能够及时抢修的尽快抢修，最快速度恢复投入运营。

照明系统维修工单见表4-1。照明系统设备设施保养记录表见表4-2。

表 4-1

维 修 工 单

作业令号：_____

作业时间：____年____月____日____时____分 至 ____时____分

作业地点：_____

修程	工作内容	作业周期	质量标准及要求	完成情况（正常打√，异常打×）	设备编号	备注
	设备房		巡视设备外观、污染、机械损伤；巡查设备运行状态，听、看、嗅；检测设备运行温度；巡查设备房温度			
	线路		检查线路外观、污染、机械损伤、外皮温度、过载老化、接头温度；巡查灯具，外壳防护、光源			
	蓄电池		对蓄电池充放电维护，检测蓄电池溶液位置，如发现溶液容量不达标立即更换			
	电压电流表		检查设备运行状态，听、看、嗅，查抄电压电流表，有无故障报警指示			
	配电房		对于设备设施存在缺陷和隐患的机房进行重点监护；查看是否有漏水现象			
	灯具		巡查灯具，外壳防护、光源；如发现灯具灯头两端变黑，需进行更换			
	电源检修		检查电源线是否老化有无安全隐患			

续上表

作业时间 ___年___月___日___时___分 至 ___时___分

作业令号													
修程	作业周期			作业地点		设备编号							
工 作 内 容	质量标准及要求			完成情况(正常打√,异常打×)		备 注							
作业安全措施													
检修前存在的问题													
检修中存在问题及处理情况													
作业工具及耗材			备用配件			作业人员姓名(不得代签)							
名称	单位	数量	名称	单位	数量								
						共计____人							

检修负责人：_____ 工班长：_____ 工程师：_____
日　　期：_____ 日　期：_____ 日　期：_____

设备设施保养记录表 表4-2

设备类型			保养时间	年　　月　　日
保养类型			保养人	
保养设备				
保养内容				
配件更换				

项目 5　给排水系统

> **导入**
>
> 地铁给排水(包括水消防)系统设备主要有以下作用:
> (1)提供地铁运营所必需的生产、生活和消防等用水。
> (2)收集排出生产、生活和消防等产生的废水及地下结构渗漏水、雨水等。
> (3)提供完整的水消防系统,保证地铁的安全、正常运营。
> 　　地铁的生产、生活和消防水源取自城市自来水供水管网。消防用水为两路供水。地铁地下车站内不设消防蓄水池,消防增压水泵直接从供水管道抽水加压供消防使用。生活、生产用水为单路供水。
> 　　①给水系统中全部采用城市自来水水源。消防用水与生产、生活给水管共用管道,室外设水表井,管道进入车站后,按消防用水与生产、生活给水分开设置。
> 　　②城市轨道交通建筑排水系统的作用是将建筑内生活、生产中使用过的水收集并排放到室外的雨水、污水管道系统中。根据系统接纳的污水、废水类型,可分为三大类:
> 　　a.生活、生产排水系统。
> 　　b.工业废水排水系统。
> 　　c.雨水排水系统。

教学目标及建议学时

1. 了解排水系统功能及分类。
2. 熟悉地下车站水网管道的布置。
3. 了解给水系统功能及分类。
4. 熟悉地下车站水网管道的布置。

建议学时:6学时,实操。

知识储备

1. 给排水系统构成

给排水系统构成如图5-1所示。

2. 给排水设备设施构成

给排水设备设施构成如图5-2所示。

3. 给水设备组成及管网布置

(1)给水设备

给水设备包括:卫生间用水;车站冲洗用水;乘务人员生活用水;空调冷冻、冷却用水;消火栓系统用水;自动喷淋系统用水;水喷雾灭火系统等。

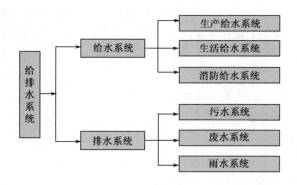

图 5-1　给排水系统构成

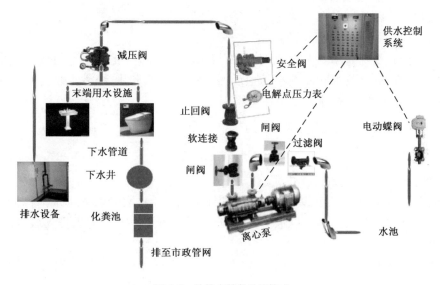

图 5-2　给排水设备设施构成

（2）组成

给水设备组成：引入管、水表、止回阀、电动蝶阀、给水管道、用水设备。

①管网采用枝状，直接从与消防系统合用管道上引至用水点。

②地下站主要生产用水如空调冷水机组及冷却塔用水等，也是从合用管道上接至用水点。

③管材主要采用复合塑料管及其球墨铸铁管，以增加耐腐蚀性。

给水系统示意图如图 5-3 所示。

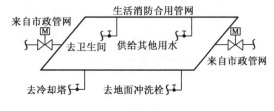

图 5-3　给水系统示意图

（3）水管网布置

地下车站的生活、生产给水管道一般沿车站风井、出入口等处与消防供水管道一起进入地下车站。车站设有站内总阀门。其中一路管道沿站厅层顶部两侧延伸至车站两端。另一路由车站一端向下穿入站台层站台板下,给水管道沿着站台板下向车站另一端延伸。

车站除卫生设备用水、空调设备用水、生活用水外,在车站站厅层两侧和站台层扶梯旁等处均设有冲洗栓,供车站冲洗所用。在泵房环控机房等处均设有水龙头。

4.排水分类

(1)地铁车站乘客及站务人员卫生间用的污水。

(2)地铁车站地面冲洗废水。

(3)区间隧道渗漏水。

(4)集中空调冷凝水。

(5)风亭、车站等出口雨水。

(6)消防灭火、管道破裂时的事故水等。

5.车站排水系统的组成及功能

(1)污水排放系统的组成及功能

车站污水排放系统如图5-4所示,主要由集水井、压力井、化粪池等组成。排水管道将车站内的厕所、盥洗室、茶水间冲洗水等生活污水汇集到集水井,经潜水泵提升到压力井消能、地面化粪池简单处理后,排入城市污水管网。

图5-4　车站污水排放流程图

(2)废水排放系统的组成及功能

车站废水排放系统,主要由集水井、压力井等组成。用排水管道或排水沟将车站内的生产、消防废水、结构渗漏水汇集到集水池,经潜水泵提升到压力井消能后排入城市污水管网,如图5-5所示。

车辆段污水处理流程图如图5-6所示。

图5-5　车站废水排放流程图

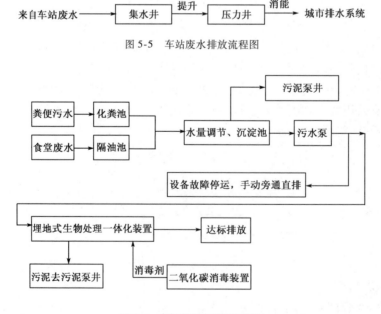

图5-6　车辆段污水处理流程图

6. 排水泵站的设置

1) 区间主排水泵站

(1) 泵站设在区间线路最低处,排水管采用顶出式或就近从车站或风井引出地面。

(2) 区间为单向坡时,一般不设排水泵站。由高程较低的车站负责排除区间废水。

2) 车站主废水泵房

设在车站范围的最低点,排水管从邻近的风井或出入口出地面,排入市政管网;设两台排水泵,一主一备。

3) 雨水泵站

峒口附近设雨水泵站。泵站设三台排水泵;泵站集水池一般按不小于 $30m^3$ 考虑。

4) 其他泵站

其他污、废水及局部雨水泵站的泵房内设两台泵,一主一备。区间范围线路最低处设区间主废水泵站,越江区间的中间风井处设辅助废水泵站;隧道洞口设雨水泵站。其他泵站如图 5-7 所示。

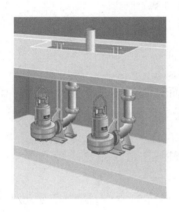
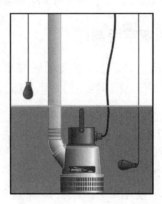

图 5-7 其他泵站

7. 水泵的结构和工作原理

1) 水泵的分类

(1) 叶片式泵

叶片式泵包括离心泵、旋涡泵、混流泵、轴流泵。

(2) 容积式泵

容积式泵包括往复泵、转子泵。

(3) 其他类型式泵

其他类型式泵包括喷射泵、空气升液泵、电磁泵。

2) 水泵介绍

(1) 离心泵:具有高效节能、运行平稳、噪声低、振动小等优点,一般用于城市高层建筑给排水及消防用水,工厂、矿山给排水,远距离输水。

(2) 旋涡泵:比转数较低,旋涡泵属于小流量高扬程泵,在叶轮外径、水泵转速相同情况下,旋涡泵产生的扬程比离心泵的高几倍。

(3) 混流泵:和一般容积式泵相同,它是由一个与传动轴同芯安装而在泵体内处于偏心位置的转子组成,转子上有两个径向滑动叶片。

（4）轴流泵：具有大流量、低扬程、高比转数、高效率、性能参数可变性，以及适合低水位条件等特点，常成为农业排灌、城市给排水、火电厂输送循环水等工程优先选用的泵型。

8.水泵控制系统的组成和工作原理

水泵控制系统组成图如图5-8所示。

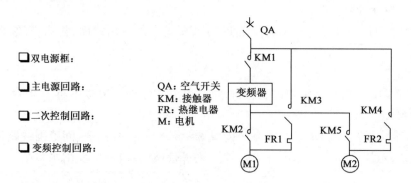

图5-8 水泵控制系统组成图

一、给排水系统常用操作

（1）潜水泵不能空转，离开水会烧坏潜水泵。

潜水泵没有散热装置，需要在水里冷却，而且流量小时会发生汽蚀产生热量，空转时也会产生热量。

（2）潜水泵运行时的正反转区分。

潜水泵正反转的排水量是明显不同的（前提是，潜水泵进水口必须全部浸入水中，否则就不准确），根据水位下降的速度可以看出。

（3）当作排污泵使用的潜水泵，应保持污水坑的清掏，防止杂质近入吸水口发生堵塞现象。

二、给排水系统日常维护

（一）日常巡检

1.巡视周期

按照体系文件规定保养周期进行正常巡视。

2.巡视内容

（1）水泵房消防泵、喷淋泵设备状态。

（2）地下车库排水沟、排污泵情况。

（3）建筑物屋顶雨排孔情况。

（4）园区排水井、排水管线情况。

（二）保养周期

（1）潜水泵、排污泵每半年保养一次。

（2）消防泵、喷淋泵每季度至少试车一次。

（3）园区排水管线每半年疏通一次。

（4）泳池水处理循环泵每月保养一次。

(三)水泵的保养

1. 检查方法

日常检查方法如图5-9所示。

听:水泵有无杂音或摩擦声。

看:水泵有无跑、冒、滴、漏现象。

摸:水泵有无异常振动,有无异常温升。

闻:电机有无异味等。

试:对于日常较少使用的泵(如消防泵),应经常试验。

图5-9 日常检查方法图

2. 水泵日常维护重点

(1)每周对主、备泵切换一次,防止运行时间过长磨损或长时间不运行泵轴生锈卡死。

(2)定期向水泵轴承加油孔加注润滑油。

(3)检查电源柜及控制系统,重点防止缺相。

(四)排污泵保养

(1)检查轴承磨损情况,如转动时有明显的异常声响或有阻滞现象,则应更换同型号同规格的轴承。

(2)用500V摇表检测潜水泵或排污泵绝缘电阻是否在0.25MΩ以上,否则应拆开潜水泵或排污泵,对线圈进行烘干处理。

(3)检查密封圈是否已老化,如已老化则应更换。

(4)清洁潜水泵、排污泵外壳,如锈蚀严重则应在表面处理后重新油漆一遍。

(5)检查潜水泵、排污泵上所连接的软管是否牢固,如松弛则应紧固。拧紧潜水泵、排污泵上的所有螺母。

(6)每月巡视污水坑时,应随时清掏坑内污物,防止杂物堵塞吸水口。水坑如图5-10所示。

图5-10 水坑

(五)管网的保养

1. 管网重点保养内容

重点:楼层管网焊接点、连接点、转弯处、过墙处防止脱漆,有无沙眼或受潮锈蚀,支架是否牢固等。

标准:管网表面油漆光亮无老化(图5-11),各焊接点、连接点、过墙处无受潮锈蚀现象,各支架牢固可靠,排水管流水顺畅。

a) b)

图5-11 管网老化

2. 明装管线维修保养

(1)检查支持托架是否牢固,否则应加强。

(2)检查流向标示是否清晰,否则应整改。

(3)检查保护漆是否完好,如脱漆较严重则应重新油漆一遍。

(4)检查各连接处是否有漏水现象,如漏水,则应处理(更换胶垫)。明管管线如图5-12所示。

图5-12 明管管线

3. 排水管网保养

水管网的维护重点:

(1)天台排水口定期清理。

(2)污水横管应定期检查清理。

(3)及时清理化粪池、隔油池。

(六)阀门的保养与维修

1. 阀门日常维护重点

(1)室外阀门,特别是明杆阀门,阀杆上应加保护套并涂裹黄油,防止日晒雨淋和灰尘侵蚀。

(2)阀门阀杆部分应经常保持有一定的油量,以减少摩擦,防止咬住,保证启闭灵活;不经常启闭的阀门,要定期进行启闭操作。阀门的传动装置(包括变速箱)应定期加油。

(3)水中含有沙粒,可能卡死水箱液压阀造成溢水,需要定期检查阀门状态、水箱高水位报警装置作用并对中心值班人员进行培训。

(4)污水井、泳池循环泵止回阀经常存在故障不能发挥止回作用,应定期试验检查,发现故障及时更换,如图5-13所示。

图5-13 污水井、泳池循环泵

2. 闸阀、浮球阀维修保养

(1)检查密封胶垫处是否漏水,如漏水则应更换密封胶垫。

(2)检查阀门螺栓是否出现松动,如有松动应及时紧固。

(3)对闸阀阀杆加黄油润滑。

(4)对锈蚀严重的闸阀(明装)应在彻底铲除底漆后重新油漆。

(5)定期进行阀门的开关,随时保证阀门可以正常开关。腐蚀严重的闸阀如图5-14所示。

(七)控制系统日常维护

控制系统日常维护重点:

(1)控制柜散热,风扇清洁除尘。

(2)开关发热、接触器异响检查。

(3)主回路端子、接头松动检查。

(4)控制回路插接元件检查,控制回路接地、绝缘检查。

(5)各控制液面报警器定期试验检查(包括污水积水坑高水位报警)。

(6)排污泵自动、手动定期试验检查。

(八)电机维修保养

(1)用500V摇表检测电动机线圈绝缘电阻是否在0.5MΩ以上,否则应烘干处理或修复。

图 5-14 腐蚀严重的闸阀

(2) 检查电动机轴承有无阻滞或异常声响,如有则应更换同型号规格轴承。

(3) 检查电动机风叶有无碰壳现象,如有则应修整处理。

(4) 清洁电动机外壳。

(5) 检查电动机是否脱漆严重,如脱漆严重则应彻底铲除脱落层油漆后重新油漆。

(九) 泵体维修

(1) 检查水泵轴承是否灵活,如有阻滞现象,则应加注润滑油;如有异常摩擦声响,则应更换同型号规格轴承。

(2) 转动水泵轴,如果有卡住、碰撞现象,则应拆换同规格水泵叶轮。如果轴键槽损坏严重,则应更换同规格水泵轴。

(3) 检查压盘根处是否漏水成线,如是则应加压盘根。

(4) 清洁水泵外表。

(5) 如水泵脱漆或锈蚀严重,则应彻底铲除脱落层油漆,重新刷上油漆。水泵重新上漆如图 5-15 所示。

三、给排水系统常见故障处理

(一) 水泵常见故障

1. 潜水泵不出水或出水量不足

检查管道阀门是否开启,水泵是否反转;检查管路是否有堵、破裂,滤水网是否堵塞。

2. 电机不能起动并伴有嗡嗡声

检查电源是否缺相;检查叶轮内是否有异物;检查轴承是否损坏。

3. 电机过热

检查电机工作电压是否异常;检查接线是否错误;检查电机绝缘是否降低。

图 5-15 水泵重新上漆

4. 机组运行时剧烈振动

检查连接螺栓是否松动;电机转子不平衡、联轴器结合不良、轴承磨损弯曲也可能造成运行振动。

 小贴士

水泵电机故障应遵循"先易后难、先外后里"的原则处理,切莫盲目操作。

(二) 阀门常见故障

1. 逆止阀或止回阀

(1) 阀瓣打碎:阀瓣经常与阀座拍打造成某些脆性材料(如铸铁、黄铜等)做成的阀瓣易被打碎。

预防措施:采用阀瓣为韧性材料的止回阀。

(2) 介质倒流:密封面损坏或阀瓣夹住杂质造成。

预防措施:加强保养,修复密封面和定期清洗杂质,就能防止倒流。

2. 闸阀

(1) 阀杆升降失灵:操作时用力过猛使螺纹损伤,阀杆缺乏润滑或润滑剂失效,螺纹被介质腐蚀。

(2) 阀门漏水:阀门关闭太快,密封面接触不好或损坏造成漏水;将闸阀作调节阀使用,密封面经受不住高速流动介质的冲蚀,造成阀门密封不严而漏水。

注:只有碟阀可以作为调解阀使用,其他阀门均不可以。

(三) 变频器的维护保养

故障现象:变频器电容漏液爆炸,造成变频报废并停水故障。

故障分析:水泵变频器是水泵控制的重要部件,但解体保养较少。变频器最少应两年解体保养一次,清洁积尘、检查电容等部件。变频器电容寿命一般为 2~5 年,如果不及时更换,电容可能会漏液爆炸。

给排水系统维护工单见表 5-1。给排水系统设备设施保养记录表见表 5-2。

维护工单

表 5-1

作业令号： _____

作业时间：___年___月___日___时___分 至 ___时___分

作业地点： _____ 设备编号： _____

修程	工作内容	作业周期	质量标准及要求	完成情况（正常打√，异常打×）	备注
	排污泵轴承		检查轴承磨损情况，如转动时有明显的异常声响或有阻滞现象，则应更换同型号同规格的轴承		
	机房内设备		检查机房内设备工作环境洁净度、温度及湿度是否在正常范围内		
	水泵		检查水泵的状态、有无异响，定期对水泵轴承加油孔加注润滑油		
	明装管线		检查保护漆是否良好，如脱漆较严重则应重新油漆一遍。检查各连接处是否有漏水现象，如漏水则应处理（更换胶垫）		
	闸阀浮球阀		对锈蚀严重的闸阀（明装）应在彻底铲除底漆后重新油漆；定期进行阀门的开关，随时保证阀门可以正常开关		
	电动机		检查电动机轴承有无阻滞或异常声响，如有则应更换同型号规格轴承；检查电动机风叶有无碰壳现象，如有则应修整处理；清洁电动机外壳；检查电动机是否脱漆，如脱漆严重则应铲除脱落油漆层后彻底铲除底漆后重新油漆		
	电源检修		检查电源线是否老化，有无安全隐患		

续上表

作业令号		作业时间 年＿月＿日＿时＿分 至＿时＿分		
修程	作业周期		作业地点	设备编号
工作内容		质量标准要求	完成情况（正常打√，异常打×）	备注
作业安全措施				
检修前存在的问题				
检修中存在问题及处理情况				
作业工具及耗材			备用配件	
名称	单位	数量	名称	单位	数量
作业人员姓名（不得代签）				
			共计＿＿人	

检修负责人：＿＿＿＿＿ 工班长：＿＿＿＿＿ 工程师：＿＿＿＿＿
日　期：＿＿＿＿＿ 日　期：＿＿＿＿＿ 日　期：＿＿＿＿＿

设备设施保养记录表

表 5-2

设备类型		保养时间	年　月　日
保养类型		保养人	
保养设备			
保养内容			
配件更换			

项目6　暖通空调系统

> **导入**
> 地铁通风空调系统一般分为开式系统、闭式系统和屏蔽门式系统。根据使用场所不同、标准不同，又分为车站通风空调系统、隧道通风系统。

  教学目标及建议学时

1. 掌握车站暖通空调系统的分类、组成。
2. 掌握车站空调水系统的运行原理。
3. 掌握车站暖通空调系统的控制方式。
4. 识别车站暖通空调系统的常见设备。
5. 能分析特殊情况下暖通空调系统设备的运行。

建议学时：6学时。

  知识储备

1. 功能
（1）正常运行时——降温、除湿。
（2）阻塞隧道时——快速通风换气。
（3）对空气中的粉尘和有害物质及二氧化碳的过滤与处理。
（4）火灾及毒气等事故时，及时排除有害物质。
（5）营造安全、舒适的乘车和工作环境。

2. 系统组成

系统与服务区的对照表如表6-1所示。系统组成图如图6-1所示。

表6-1　系统与服务区的对照表

系统分类		服务区域	隧道		车站	
			区间隧道	车站隧道	公共区	设备区
通风系统			区间隧道通风系统	车站隧道排风系统	车站通风空调大系统	车站通风空调小系统
				隧道通风系统		
空调系统	风系统				车站空调大系统水系统	车站空调小系统水系统
	水系统				车站空调水系统	

109

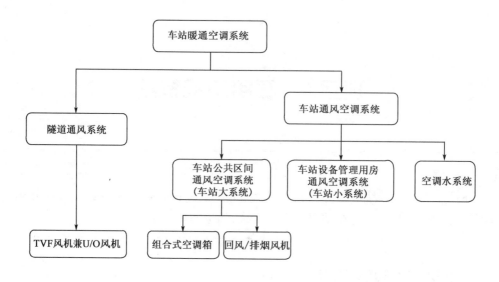

图 6-1 系统组成图

风系统——正常运营时,公共区为乘客提供"过渡性舒适"的乘车环境,车站设备管理用房为车站工作人员提供舒适工作环境条件和为车站设备运行提供所需的工艺环境条件。当公共区发生火灾时,大系统应能迅速排除烟气,诱导乘客向安全区疏散;当车站设备管理用房区发生火灾时,小系统应能及时排除烟气或设防烟防火分隔。

水系统——为车站空调系统提供空调冷源,包含冷却系统、冷冻系统及输送、分配管网。有集中供冷与分站供冷等形式。

3. 空调水系统

中央空调水系统由各种设备组成,对于水冷式冷水系统,主要设备有:

①冷水机组;②冷却塔;③冷冻水泵,冷却水泵;④定压补水装置;⑤水处理装置;⑥末端装置(空气处理机组、风机盘管等)。如图 6-2～图 6-7 所示。

图 6-2 冷水机组 1(端部接管)

图 6-3 冷水机组 2(侧面接管)

冷却塔上部是为减少冷却塔对居民楼噪声影响而增加的部分。

图 6-4 冷却塔

图 6-5 循环水泵

图 6-6 全程水处理器

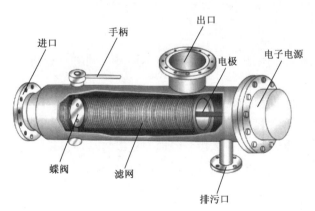
图 6-7 电子水处理器

4. 地铁风机的结构形式

(1)隧道风机(TVF 风机)结构形式

TVF 风机如图 6-8 所示。

(2)车站轨道排风机(U/O 风机)结构形式

U/O 风机如图 6-9 所示。

图 6-8　TVF 风机实物图　　　　图 6-9　U/O 风机实物图

(3)射流风机结构形式

射流风机如图 6-10 所示。

(4)车站风机结构形式

车站风机如图 6-11 所示。

图 6-10　射流风机结构图　　　　图 6-11　车站风机结构图

5. 控制操作

(1)中央级控制

装置位置:控制中心 OCC。

主要配置:有中央级工作站、全线隧道通风系统及车站暖通空调系统中央模拟显示屏。

功能如下:

①监视、控制全线通风空调系统。

②自动显示并记录相关情况。

③接收报警信息、触发灾害模式,指令暖通空调设备按灾害模式运行。

④接收区间堵车信息,对相应区间运行强制通风模式。

(2)车站级控制

装置位置:车站车控室。

主要配置:车站级工作站和紧急控制盘。

功能如下：
①在正常情况下，监视控制本站空调系统。
②节能、自动、灾害模式的改变和运行。
③火灾时，接收报警信息，进入灾害模式。

北京地铁四号线车站级控制紧急控制盘如图6-12所示。就地控制如图6-13所示。

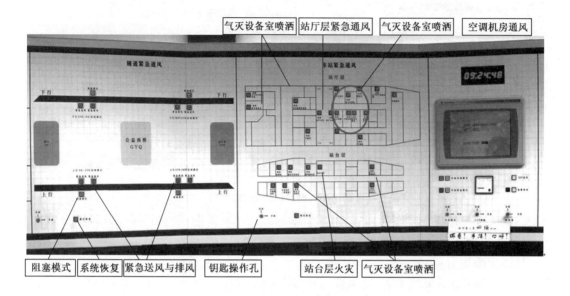

图6-12　北京地铁四号线车站级控制紧急控制盘

图6-13　就地控制

（3）就地级控制

装置位置——环控电控室（个别在综控室）。

主要配置——每种设备上或旁均设有就地控制按钮。

一、暖通空调系统常用操作

中央空调风管清洗机器人过程图如图6-14所示。

用机器人或软轴机将管道内灰尘松动,用工业吸尘器加以收集。清洗后在管道内喷洒消毒液进行消毒。

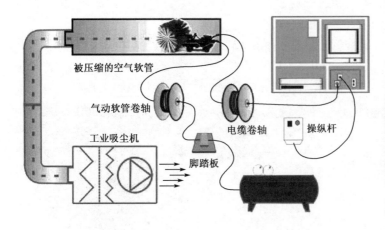

图6-14 清洗机器人过程图

根据清洗单位提供图纸所示,针对风管的形状、大小、走向,我公司采用从高层至低层清洗,每层从机房开始向末端清洗。

具体步骤如下:

(1)根据图纸了解新风管、回风管、送风管系统的布局。

(2)以风管系统为单位清洗、消毒。

(3)选定吸尘风口和清洗风口。

(4)使用通风管监视监控系统检查管道内污染程度、管道结构内特点,选择合适的清洗设备。

(5)设备及工具到指定地点,并用毡布遮盖好施工地点下方的物品,电工开始接通临时电源,有技术负责人找施工切入点,对风管进行清洗作业。

①前期准备。

②阻断系统放入不清洗的风管中一端,以便充分隔离清洗区和非清洗区,避免二次污染。

③高效真空集尘系统与风管系统连接、固定,并开启吸尘器。

④将清洗机器人放入风管中均匀清洗。

(6)此段风管清洗完毕后,关闭真空吸尘器,处理收集器的污物。

(7)清洗该操作段的防火阀。如清洗不到的应在防火阀一侧开口清洗。

(8)录像监视系统对风管清洗前、中、后进行监测及录像,保存图片。

(9)拆掉吸气管和吸管盘,恢复清洗、消毒过的风口,用预先准备好的原系统同种材料,用铆钉枪封闭风口,并用密封胶将缝隙密封,且恢复保温材料。

(10)检查风管吊顶的强度,如强度不够应在顶棚打膨胀螺栓,用预制的角钢托盘进行加固,以不影响风管强度为原则,严格按标准操作。风口及过滤网拆除后到指定地点用高压水枪进行清洗。

(11)收集所有清洗后的污物,密封运出,并对污物进行消毒处理后,运到指定地点。

(12)一个系统风管清洗完后,对现场进行整理,恢复原状。

二、暖通空调系统日常维护

(一)风机的维护与保养

为了避免由于维护保养不当而造成人为故障事故发生,预防风机和电机各方面自然故障的发生,从而充分发挥设备的效能、延长设备的使用寿命,必须加强风机的维护保养。

(二)风机维护保养工作注意事项

(1)只有在风机设备完全正常的情况下可运转。

(2)用户应使风机在规定的运行条件下工作,并由合格的技术人员进行定期维护。

(3)风机设备在维护后开动时,需注意风机各部件是否正常。如发现不正常现象应立即查明原因并设法消除。

(4)风机在运行过程中,应经常通过轴承温度报警装置查看轴温是否正常;以及风机的振动,电机的电流、电压、功率是否正常。如果发现风机有剧烈的振动、撞击、轴温迅速上升、电流过大或偏小等反常现象,应立即停机检查,予以排除后才允许重新启动运行。

(5)定期检查电机与机壳连接螺栓的紧固情况,检查风机叶轮上各螺栓的紧固情况,检查隔振器连接螺栓的紧固情况。

(6)定期检查风机运转情况,不得有碰擦、松动等声音,如有应检查排除。

(7)定期用木槌或橡胶锤轻打叶片,不得有松动杂声,发现杂声应及时通知厂家处理。

(8)定期清除叶轮及风机内外表面的积灰、污垢等杂质。

(9)定期为电机轴承更换润滑脂,除密封型轴承外,一般为三个月加一次,也可按实际情况更换润滑脂(详见:轴承型号及注油间隔时间表)。电机机座号不大于160的电机轴承是密封型的,无须用户维护,用户不必进行轴承润滑,若轴承有故障,可以更换轴承。电机机座号不小于180的风机,机壳上设置有轴承加油嘴,其位置与接线盒在同一侧(接线盒上方),用油枪对准加油嘴,开始加油,当看到排油嘴(和加油嘴同一侧,机壳下部)有污油流出即可。加油时,应转动叶轮,使得油脂在内部流动。

(10)每年应停机检修保养一次,注意:拆卸叶片后应做好标记,以便复装时按原位装配,以免破坏叶轮的动平衡质量而引起振动。

(11)风机长期停用一年以上后需再使用时,应检查电机是否有受潮、浸水等情况,如有,则应将电机送到电机生产厂予以烘干,电机轴承应按电机厂的相关要求清洗和更换润滑油脂。

(12)为确保人身安全,风机的检修维护必须在停机时进行。

(13)对带轮传动方式,如发现三角皮带拉长而打滑,应及时调紧皮带的松紧度。

三、暖通空调系统常见故障处理

(一)空调水系统堵塞

管道堵塞是空调系统最常见的问题,常常引起系统不能正常工作。堵塞的主要原因有:

1. 异物进入

曾发现冷却水泵进水口处橡胶软接头有凹瘪开裂现象,打开泵前水过滤器,发现过滤器堵塞严重,从而导致泵前负压,冷却水泵不能正常工作。清理堵塞物后,电动机电流恢复正常,冷却泵运行正常。同样,某饭店房间制冷效果很差,尽管空调风机前供回水管的阀门都是打开的,但是空调风机供回水管压力表显示接近零,由此断定空调风机冷却盘内流量极小,估计是管道内有堵塞,打开供回水管前的水过滤器,果然发现堵塞严重,堵塞物有小石子、施工用麻丝、小螺栓等。堵塞物被清除后,房间供冷情况马上得到改善。

2. 水质不良,形成水垢铁锈

中央空调管网内的水一般经过离子软化,管道均为不锈钢管,因此较纯净。值得注意的是,大多数情况下,冷却冷凝器的冷却水为普通自来水,且多为开式循环,即使水质良好,冷却水长时间循环使用,水在生温、流动、蒸发等条件的影响下,会发生如下变化:

(1)水温升高,促使水中的重碳酸盐分解,其中的碳酸根离子和水中的钙离子形成水垢。

(2)冷却水循环使用,不断蒸发浓缩,使水中含盐量增加,pH 值升高。有数据表明,pH 值为 6~8 的冷却水使用一个月后,pH 值可达到 20 左右,加速水垢形成。

(3)冷却水与空气充分接触,造成水中溶解氧浓度增高至饱和状态,生成 $Fe(OH)_3$ 垢或 Fe_2O_3 沉淀,对管道造成腐蚀,使管壁粗糙,加速水垢生成。水垢形成除了使传热效果不断下降,使有效管径减小,还会发生水垢大量脱落,在过滤器处聚集,造成堵塞。除垢方法有机械法、化学法、高频电磁除垢法。机械法、化学法都曾大量采用,但是均对设备有损伤,且化学法污染环境,因此现在逐步采用高频电磁除垢。电子除垢器利用电子元件产生高频电磁,使水分子电位下降,溶解盐类离子及带电离子间静电引力减弱,难以聚集。某系统采用电子除垢器,使用四年来,未发现冷却水管结垢现象。

3. 藻类、菌类繁殖

杀藻可采用投放灭藻药剂,以杀灭冷却水中藻类。灭藻剂一般有一定的毒性,对环境及人体不利。某系统在冷却水管路中装设电子除垢器后,被高频交变电磁场激励的水分子促使微生物细胞壁破裂,从而在除垢的同时达到杀菌灭藻的效果。

判断除污器是否堵塞最重要的一个标志,就是观察循环水泵的运行电流,电流下降越多,证明堵塞越严重,另外,根据流量计和进出口压力表也可以判断除污器的堵塞情况,依据各自的额定值,如果流量计读数越小,出口压力越低,则堵塞越严重。

(二)机器露点温度正常或偏低,室内降温慢产生原因及解决方法

(1)送风量小于设计值,换气次数少,请检查风机型号是否符合设计要求,叶轮转向是否正确,皮带是否松弛,开大送风阀门,消除风量不足因素。

(2)有二次回风的系统,二次回风量过大,请调节,降低二次回风风量。

(三)系统实测风量大于设计风量产生原因及解决方法

(1)系统的实际阻力小于设计阻力,风机的风量因而增大,有条件时可以改变风机的转数。

(2)设计时选用风机容量偏大,请关小风量调节阀,降低风量。

(四)系统实测风量小于设计风量产生原因及解决方法

(1)系统的实际阻力大于设计阻力,风机风量减小,条件允许时,改进风管构件,减少系统阻力。

(2)系统有阻塞现象,请检查清理系统中可能的阻塞物。

(3)系统漏风,应堵漏。

(4)风机达不到设计能力或叶轮旋转方向不对、皮带打滑等,检查、排除影响风机出力的因素。

(五)室内噪声大于设计要求产生原因及解决方法

(1)风机噪声高于额定值,请测定风机噪声,检查风机叶轮是否碰壳,轴承是否损坏,减震是否良好,对症处理。

(2)风管及阀门、风口风速过大,产生气流噪声,请调节各种阀门、风口,降低过高风速。

(3)风管系统消声设备不完善,请增加消声弯头等设备。

(六)系统总送风量与总进风量不符,差值较大产生原因及解决方法

(1)风量测量方法与计算不正确,请复查测量与计算数据。

(2)系统漏风或气流短路,请检查堵漏,消除短路。

(七)室内气流速度分布不均有死角产生原因及解决方法

(1)气流组织设计考虑不周,应根据实测气流分布图,调整送风口位置或增加送风口数量。

(2)送风口风量未调节均匀,不符合设计值,应调节各送风口风量使与设计要求相符。

(八)风机运行时的常见故障和原因

风机运行时的常见故障和原因见表6-2。

风机运行时的常见故障和原因　　　　　　　　　表6-2

常见故障	产生原因
风机振动过大	(1)叶片积灰、污垢过量或检修后叶片错位安装叶轮产生不平衡; (2)叶片连接螺栓松动使叶片与机壳相碰擦; (3)风机安装基础受损,导致基础刚度不够; (4)电机安装螺栓松动; (5)风机与系统管道安装不良,产生共振; (6)电机轴承损坏
电机轴承温升过高	(1)由于风机固定螺栓松动导致风机异常振动引起的电机过热; (2)电机润滑油脂质量不良、变质,或填充过多、含有灰尘、粘砂、污垢等杂质而影响轴承润滑所引起的电机过热; (3)风机阻力过大或三相电流不平衡,或电压过低引起的电机过热; (4)风机选型不当,导致风机的性能参数与系统匹配不合理引起功率超载产生的电机过热; (5)电机轴承的选用及布置不合理,或电机轴承损坏
风机调试及运行时电流过大	(1)开机时进出风管堵塞; (2)系统阻力与设计阻力偏离过大; (3)风机输送的气体密度增大,导致压力增大; (4)电动机输入电压过低或电源单相断电; (5)受电机振动剧烈的影响

暖通空调系统维护工单见表6-3。暖通空调系统设备设施保养记录表见表6-4。

维护工单

表 6-3

作业令号：　　　　　　　　　　　　　　作业时间：___年___月___日___时___分 至 ___时___分
修程：　　　　　　　　　　　　　　　　设备编号：

工作内容	作业周期	质量标准及要求	完成情况（正常打√，异常打×）	作业地点	备注
风机		风机在运行过程中，应经常通过轴承温度报警装置查看轴温是否正常；检查风机的振动，电机的电流、电压、功率是否正常，如果发现风机有剧烈的振动、撞击、轴温迅速上升，电流过大或偏小等反常现象，应立即停机检查，予以排除后才允许重新启动运行；风机噪声高于额定值，请测定风机噪声，检查风机叶轮是否碰壳，轴承是否损坏，减震是否良好，对症处理			
机房内设备		检查机房内设备工作环境洁净度，温度及湿度是否在正常范围内			
空调水系统管道		检查管道是否堵塞；水质不良，形成水垢生铁锈			
电机轴承		由于风机固定螺栓松动导致风机异常振动引起的电机过热；电机润滑油脂质量不良、变质，或填充过多，含有灰尘、粘砂，污垢等杂质污染所引起轴承润滑而影响电机过热			
闸阀、浮球阀		对锈蚀严重的闸阀（明装）应在彻底铲除底漆后重新油漆；定期进行阀门的开关，随时保证阀门可以正常开关			

续上表

作业令号			作业时间	年__月__日__时__分 至__时__分	
修程		作业周期		作业地点	设备编号
工作内容		质量标准及要求		完成情况（正常打√，异常打×）	备注
	电动机	检查电动机轴承有无阻滞或异常声响，如有则应更换同型号规格轴承； 检查电动机风叶有无碰壳现象，如有则应修理； 清洁电动机外壳； 检查电动机是否脱漆严重，如脱漆严重则应彻底铲除脱落层油漆后重新油漆			
	电源检修	检查电源线是否老化，有无安全隐患			
作业安全措施					
检修前存在的问题					
检修中存在问题及处理情况					
作业工具及耗材				备用配件	
名称	单位	数量		名称	单位	数量
作业人员姓名（不得代签）					
					共计____人	

检修负责人：　　　　　　　　工班长：　　　　　　　　工程师：
日　　期：　　　　　　　　　日　期：　　　　　　　　日　期：

119

设备设施保养记录表　　　　　　　　表 6-4

设备类型		保养时间	年　　月　　日
保养类型		保养人	
保养设备			
保养内容			
配件更换			

项目 7　火灾报警系统（FAS）

> **导入**
>
> 　　火灾报警系统（Fire Alarm System，FAS），一般由火灾探测器、区域报警器和集中报警器组成；也可以根据工程的要求同各种灭火设施和通信装置联动，以形成中心控制系统。火灾报警系统（FAS）具有自己的网络结构和布线系统，以实现在任何情况下，该系统都可以独立的操作、运行和管理。
> 　　FAS 系统由主控（控制中心）和分控（车站、车场、车辆段）两级管理。在控制中心设防灾监控中心，负责监视全线防灾设备的运行状态、接收报警信号、发布救灾指令等。车站防灾监控负责接收车站的灾害报警，及时与指挥中心联络，并接收中心防灾指令，控制设备。

  教学目标及建议学时

1. 了解地铁火灾特征。
2. 掌握火灾自动报警系统 FAS 组成。
3. 掌握气体灭火系统的灭火原理与特点。
4. 掌握车站站厅公共区火灾应急处理程序。

建议学时：6 学时。

  知识储备

1. 消防标识

常见消防标识如图 7-1 所示。

图 7-1　常见消防标识（绿底）

2. 消防设施、器材

消防设施、器材如图 7-2 ~ 图 7-6 所示。

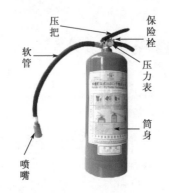
图 7-2　手提式 ABC 干粉灭火器

图 7-3　推车式灭火器

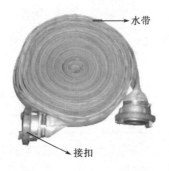
图 7-4　消防水带（规格：25m/条）

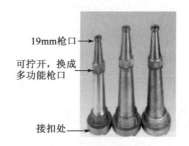
图 7-5　消防水枪

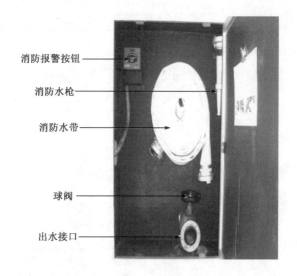
图 7-6　消防栓

3. 火灾自动报警系统工作原理

火灾自动报警系统工作原理如图 7-7 所示。

4. 消防控制室

消防控制室由火灾报警控制器、消防联动控制器、消防控制室图形显示装置或其他组合设备构成,能够监控并显示消防设施的运行状态信息、显示消防安全管理信息,并向监控中心传递相关信息,如图7-8所示。

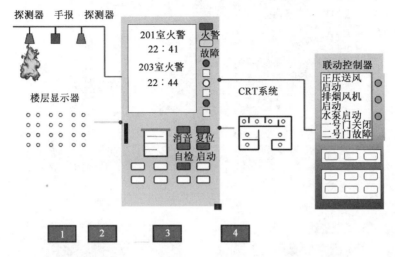

图7-7 工作原理

图7-8 消防控制室

(1)火灾报警控制器

火灾报警控制器全天候地监测各种消防设备的工作状态,保持系统的正常运行,一旦出现火情,它将及时、准确地反馈火情的发展过程,正确、迅速地控制各种相关设备,达到疏导和保护人员、控制和扑灭火灾的目的。如图7-9和图7-10所示。

(2)火灾报警网络监控器

火灾报警网络监控器接收火灾报警控制器传来的火警、故障等信息并通过电话网实时向监控中心传送,具备现场语音提示,与监控中心进行双向数据通信的功能。如图7-11所示。

(3)手动报警按钮

发生火灾时,在火灾探测器没有探测到火灾的情况下,按下手动报警按钮,提示其他人员有火灾发生。如图7-12所示。

(4)气体紧急启、停按钮

气体紧急按钮如图7-13所示。

图 7-9 柜式

图 7-10 壁挂式

图 7-11 监控器

图7-12 手动报警

a)

b)

图7-13 气体紧急按钮

(5) 消火栓报警按钮

消火栓报警按钮如图7-14所示。

公司办公大楼、技术中心大楼、生产物控部立体库设有消火栓报警按钮,一般安装在楼梯口或消火栓箱内,可以通报火警信息及启动消防水泵。

(6) 声光报警器

声光报警器是一种用在危险场所,通过声音和各种光来向人们发出示警信号的装置。

(7) 可燃气体浓度探测器

可燃气体浓度探测器主要对油库或调漆室内的可燃气体浓度进行监测,当可燃气体浓度超过25%时,可燃气体浓度报警器就会发出报警信号,工作人员立即采取安全措施,启动排风设施(50%风机就会自动联动)、开启门窗通风,降低可燃气体浓度值。如图7-15所示。

(8) 紫外火焰探测器

紫外火焰探测器:当探测器接收到火光、弧光、电焊光等光线时报警。如图7-16～图7-19所示。

a)   b)

图 7-14   消防双报警

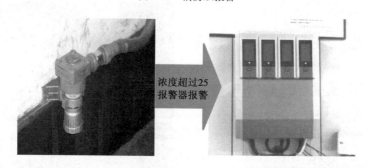

图 7-15   可燃气体探测

图 7-16   烟感探测器   图 7-17   水喷淋头

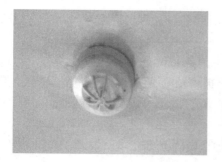

图 7-18   温感探测器   图 7-19   气体喷头

一、FAS 常用操作

(一)火灾报警控制器报警信息处理方法

(1)接收到信息后,查看屏幕显示的内容,根据报警平面图显示的位置到现场查看。

(2)如果有火灾发生,有气体灭火的,在人员疏散后,按下紧急启动按钮。如图 7-20 所示。

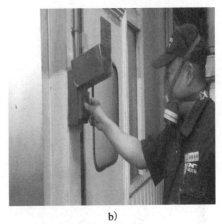

a)　　　　　　　　　　　　　　　　b)

图 7-20　启动紧急按钮

无气体灭火的利用配备的消防器材灭火,如图 7-21 所示。

a)　　　　　　　　　　　　　　　　b)

图 7-21　正确使用灭火器

(3)同时,拨打报警电话:火警 119,如图 7-22 所示。

(4)误报、故障也应向监控中心报告或接受监控中心电话核实,如图 7-23 所示。

(5)将报警控制器复位。

(二)火灾报警网络监控器操作方法

功能包括:

(1)向监控中心上传火警信息,如图 7-24 和图 7-25 所示。

(2)查询值班人员在岗情况,如图 7-26 所示。

a)

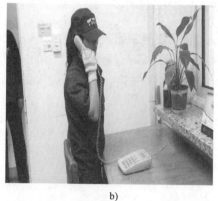
b)

图 7-22 拨打报警电话

图 7-23 电话核实

图 7-24 上传火警信息按"火警"键

图 7-25 清除火警信息按"清除"键

监控中心每日向联网部位发送查询值班指令,一是检查值班人员是否在岗,二是检查通信线路是否畅通。值班人员接到"查询值班"指令,在5分钟内按"值班应答"键回复。

(3)检测设备运行、线路通信情况。

消防设施发生故障时,使用单位人员应立即拨打电话报修,如因个人原因造成消防设施关闭、损坏等无法正常使用的,对责任人按公司消防管理规定严肃处理,造成严重后果的,将追究其法律责任。

(三)气灭火盘的操作方法

气体灭火盘如图7-27所示。

a)
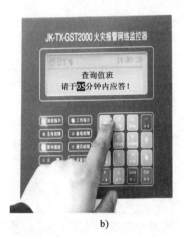
b)

图7-26 查询值班人员

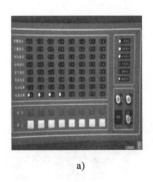
a)

b)

c)

图7-27 气体灭火盘

1.二氧化碳气体灭火启动盘操作方法

(1)保护区域内有人员工作时,必须将灭火盘设置为手动喷洒状态,既:禁止/允许锁指示到禁止位置,手动/自动锁指示到手动位置。

(2)保护区域内无人员工作时,必须将灭火盘设置为自动喷洒状态,既:禁止/允许锁指示到允许位置,手动/自动锁指示到自动位置。如图7-28所示。

2.二氧化碳气体灭火三种手动启动方法

第一种:按下失火区域的手动启动按钮。如图7-29所示。

图7-28 操作　　　　　　　图7-29 手动启动1

第二种：机械强制启动。首先检查氮气瓶压力是否正常，压力正常情况下，拔下氮气瓶保险销，压下压把，二氧化碳气体喷洒。如图7-30所示。

a)　　　　　　　　　　　　　b)

图7-30 手动启动2

第三种：机械强制启动。氮气瓶泄压情况下，抬起对应起火部位管路的释放阀，把专用把手放在对应钢瓶瓶头阀位置，用力下压，二氧化碳气体喷洒。如图7-31所示。

 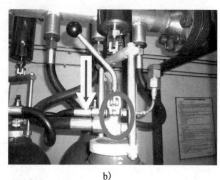

a)　　　　　　　　　　　　　b)

图7-31 手动启动3

（四）消火栓的操作

消火栓的操作事项如图7-32所示。

消火栓操作注意事项：

(1)注意火场与消火栓的距离,车站内消防水带和消防软管长度一般为25m。
(2)用消火栓注意着火物品是否带电,若属带电物品,必须先切断电源方可用水灭火。
(3)定期检查消火栓,确保消火栓水压正常,物品齐全。
(4)消火栓前两米以内不许堆放任何物品。
(5)非火灾时不要使用。
(6)扑救火灾后将消防水带晾干并恢复原状态。

a)打开室内消火栓箱　　b)取出消防水带,向着火点展开　　c)水带一端连接水源

d)连接水枪　　e)打开水阀门　　f)手握水枪头及水带,对准火源,即可灭火

图7-32　操作事项

二、FAS日常维护

(一)维修注意事项

(1)维护工作要严防触电、高空坠落,维护前一定要先检查作业架牢固状况,对电路验电确认安全后,方准操作。

(2)维修设备需要动用明火时,必须采取妥善的防护措施,并经有关领导批准,在专人监护下进行。

(3)有高温、低温、潮湿、强电、静电等危险的场所,必须采取相应的有效防护措施。

(4)确保维修设施的安全:测量某焊点电压时切忌与金属物件相碰,最好用绝缘板托起;注意合理放置维修工具以免引起意外。

(5)必须正确判断故障部位、故障元器件,切忌乱拆、胡乱调整。

(6)确保人身安全:维修时如需带电作业(电压高于36V时),应有相应的绝缘及安全措施。

(二)基本维修方法

(1)观察法:有无虚焊、松脱、烧焦的元器件;有无异常的声音;观察工作站监控画面各设备状态效果。

(2)静态测量法:短路电阻测量法;电流测量判断法。

(三)维修、检查内容

1. 火灾自动报警系统检查的内容

(1)电源是否接通,主备电源能否自动切换。

(2)操作人员的日查记录是否齐全。

(3)报警控制器的功能是否正常。

(4)是否关闭报警器。
(5)主机、探测器有无损坏、失效或误报。
(6)声音报警或广播系统能否正常工作。
(7)涉及火灾自动报警系统的其他相关检查配合。

2.设备监控系统检查的内容

(1)中央级、车站级、基地工作站工作是否正常。
(2)各 BAS 控制柜是否得电,PLC 工作是否正常。
(3)车站工业以太网及 OTN 网络 BAS 通道网络设备设置是否改变,网络连接传输工作是否正常。
(4)各 BAS 控制柜输入输出模块输入、输出点工作是否正常。
(5)检查工作站设备故障报警记录,及时通知机电设备报修人员,以便专业人员及时处理。
(6)在环控、低压配电等专业的配合下检查 IBP 盘的控制功能。
(7)中央级模拟显示屏的日常检查。
(8)涉及设备监控系统的其他相关检查配合。
(9)地下站及高架站各 CRT 工作站 UPS 电源的充放电检查;主备电转换试验。
(10)检查 BAS 系统与 FAS 控制主机、冷水机组、屏蔽门的接口通信和数据传输情况。
(11)检查各工作站主机、各控制柜的散热风扇运行情况、过滤网的清洁情况。

3.定期检查制度

火灾自动报警系统检查的内容每周定期检查,设备监控系统检查的内容每季度定期检查。

(四)维修、检查档案

如实填写维修、检查记录,对每一个设备形成维修档案。

(五)做好维修完毕后的相关工作

(1)维修工作结束后,维修员应及时清洁工作场地,带走工作垃圾。
(2)向车站值班员试验维修后效果,试验应不少于三次,并向值班员说明使用注意事项。
(3)一切正常后请车站值班员在维修单或检查表上签名确认。

三、FAS 常见故障处理

FAS 系统的故障按其性质可分为严重故障和一般故障两大类。

(一)故障处理流程

1.火灾报警

(1)按压主音响停止按钮进行消音处理。
(2)值班员携带灭火器、插孔电话立即赶赴现场进行确认,并及时将现场情况和处理结果通报车站综控室值班员。
(3)当现场未发生火灾时,车站综控室值班员在接到现场人员确认信息后,将情况报告控制中心,若因故障引起报警还应将情况通报机电维修中心进行检修,填记《FAS 运行登记簿》。利用钥匙开关将主机转换至"级别2"位,按压复位按钮对系统进行复位,复位后将钥匙开关恢复至"级别1"位。
(4)当现场确有火灾发生时,车站综控室值班员应立即通知值班站长启动火灾预案,组织救灾工作,并将情况报告控制中心、客运公司生产值班室、站区;车站综控室值班员应视现场火灾情况及时拨打119火警报警,并利用钥匙开关将火灾报警控制主机转换至"级别2"位,按压联动停止按钮启动防灾运行模式并开启防灾广播;当消防员要求值班员手动启动消防泵或中心命令手动启动消防泵时,值班员可通过按压联动控制台的消防泵按钮手动启动消防泵。当火灾处理完后,按压联动停止按钮、复位按钮、消防泵按钮、广播按钮对系统进行复位,利用钥匙开关将主机恢复至"级别1"位,并将火灾详细信息记录于《FAS运行登记簿》。

(5)在火灾报警处置完后,还应将信息记录在《防灾系统日记》内。

2. 注意报警、污垢报警和故障报警

当FAS系统控制主机出现注意报警、污垢报警和故障报警时,一般按照下列程序处理:

(1)按压主音响停止按钮进行消音处理。

(2)值班员携带插孔电话、灭火器立即赶赴现场进行确认,并及时将现场情况和处理结果通报车站综控室值班员。

(3)对于注意报警,车站综控室值班员在接到现场人员确认信息后,将报警及处理结果报告控制中心并通知机电维修中心,填记《FAS运行登记簿》。

(4)对于污垢报警、故障报警,车站综控室值班员在接到现场人员确认信息后,将情况报告控制中心并通知机电维修中心进行检修,填记《FAS运行登记簿》。

3. 消防报警

当联动控制台出现消防泵报警时,一般按照下列程序处理:

(1)按压消音按钮进行消音。

(2)将情况报告控制中心并通知机电维修中心进行检修。

(3)将信息详细记录在《FAS运行登记簿》内。

4. 手动报警

当FAS系统控制主机出现手动报警时,一般按照下列程序处理:

(1)按压主音响停止按钮进行消音处理。

(2)值班员应携带灭火器、插孔电话立即赶赴现场进行确认,并及时将现场情况和处理结果通报综控室值班员。

(3)综控室值班员根据情况按相关规定进行处理,报告控制中心并将信息详细记录在《FAS运行登记簿》内。

(4)处理完后利用钥匙开关将主机转换至"级别2"位,按压复位按钮对系统进行复位,复位后将钥匙开关恢复至"级别1"位。

(二)故障处理方法

1. 故障告警

(1)电源故障告警

描述:S系统或M系统的电源板故障。出现故障及时告警,每分钟告警一次,直到系统恢复。

可能的故障点:铃流,磁铃,备用板。

维护处理意见:主要是备用板已安装但没有开电,或铃流或磁铃没有开,或备用电源板故障,可以通过指示灯查看铃流和磁铃的告警。

(2)主控对机故障告警

描述:S系统或M系统的主控板检测到另一主控板复位,或死机。第一次即时告警,以后每分钟告警一次,直到故障恢复。

可能的故障点：背板，主控板，电源。

维护处理意见：检查主控板是否在复位。检查备板是否正常。

2. 通信告警

(1) U口板通信告警

描述：S系统或M系统的U口板与主控板不能通信，第一次告警大约10秒钟，以后每分钟告警一次，直到故障恢复。

可能的故障点：背板，U口板。

维护处理意见：检查U口板运行是否正常，检查背板扁平电缆是否接好，背板的跳线是否正确。对于M系统还要检查会议板、音源板运行是否正常。

(2) 数字板通信告警

描述：S系统或M系统的数字板与主控板不能通信，第一次告警大约10秒钟，以后每分钟告警一次，直到故障恢复。

可能的故障点：背板，数字板，会议板，音源板。

维护处理意见：检查数字板运行是否正常，检查背板DB25电缆是否接好，背板的跳线是否正确。对于M系统还要检查会议板、音源板运行是否正常。

(3) 主备板通信告警

描述：S系统或M系统的主控板的两个平面不通信，第一次告警大约4秒钟，以后每分钟告警一次，直到故障恢复。

可能的故障点：背板，主控板。

维护处理意见：检查主控板运行是否正常，对于S系统还要检查背板的串口电缆是否接好，对于M系统还要检查对机是否上电。

(4) 后台通信告警

描述：维护台与所维护范围内的S系统或M系统通信中断，每分钟告警一次直到故障恢复。

可能的故障点：串口电缆，背板，主控板，电源，维护台，数字板。

维护处理意见：检查串口电缆是否接好，背板是否完好，有没有虚焊，主控板运行是否正常，数字板是否运行正常，对于数字环上的系统还要检查数字环是否接好。检查维护台的串口设置，以及运行维护台的PC机的串口是否完好。

(5) S系统主用数字板与主控板通信告警

描述：S系统的主用数字板与主控板不通信，第一次告警大约20秒钟，以后每1分钟告警一次，直到告警恢复。

可能的故障点：背板，主控板，数字板。

维护处理意见：检查主控板运行是否正常，检查背板上插槽内的插针正常，检查本数字板。

(6) M系统数字板与S系统数字板通信告警

描述：M系统的数字板与S系统的数字板不通信，第一次告警大约60秒钟，以后每1分钟告警一次，直到告警恢复。

可能的故障点：S系统关电，S系统数字板不工作。

维护处理意见：检查告警对应的S系统是否上电工作并且它的数字板是否运行正常。

火灾报警系统维护工单见表7-1。火灾报警系统设备设施保养记录表见表7-2。

表 7-1

维 护 工 单

作业令号　　　　　　　　　　　　　　　　　　　　　　　　　　　　　　　　　　年　月　日　时　分 至　时　分

修程	作业时间		作业地点		设备编号	
工作内容	作业周期	质量标准及要求	完成情况（正常打√,异常打×）		备 注	
自动报警系统电源		电源是否接通,主备电源能否自动切换；声音报警或广播系统能否正常工作				
报警控制器及探测器		报警控制器的功能是否正常；是否关闭报警器主机,探测器有无损坏、失效或误报				
监控系统通信及清洁		检查 BAS 系统与 FAS 控制主机,冷水机组,屏蔽门的接口通信和数据传输情况；检查各工作站主机,各控制柜的散热风扇运行情况,过滤网的清洁情况				
消防设施的摆放		检查各个消防通道及消防设施的摆放				
消火栓检查		注意火场与消火栓的距离,车站内消防水带和消防软管长度一般为 25m；检查消火栓,确保消火栓水压正常,物品齐全				
监控显示屏		检查中央级模拟显示屏；检查地下站及高架站各 CRT 工作站 UPS 电源的充放电检查；主备电转换试验				
电源检修		检查电源线是否老化,有无安全隐患				

135

续上表

作业令号		作业时间 ____年__月__日__时__分 至 __时__分		
修程	作业周期	质量标准及要求	作业地点	设备编号
工作内容			完成情况（正常打√，异常打×）	备注
作业安全措施				
检修前存在的问题				
检修中存在问题及处理情况				

作业工具及耗材			备用配件			作业人员姓名（不得代签）
名称	单位	数量	名称	单位	数量	
						共计 ____ 人

检修负责人：_____ 工班长：_____ 工程师：_____
日　　期：_____ 日　期：_____ 日　期：_____

设备设施保养记录表

表 7-2

设备类型		保养时间	年　月　日
保养类型		保养人	
保养设备			
保养内容			
配件更换			

项目 8　环境与设备监控系统(BAC)

> **导入**
>
> 　　环境与设备监控系统(Building Automatic System,简称 BAS),是为给乘客创造安全、舒适、可靠的乘车环境设施,对地铁车站、区间的空调、通风、给排水、照明、车站动力、自动扶梯等设备的运行状态进行自动化监控及管理,使设备按预设状态自动运行,节省能源,方便管理,使设备发挥最佳效益。

 教学目标及建议学时

1. 掌握环境与设备监控系统构成。
2. 掌握车站级控制系统的基本功能。
3. 了解设备监控系统主要的监控内容。

建议学时:6 学时。

 知识储备

1. 监控系统总体框图

监控系统总体框图如图 8-1 所示。

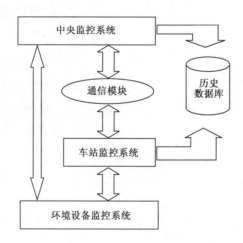

图 8-1　监控系统总体框图

顶层为中央监控系统,负责对全线各个车站设备进行监控。

中间层为车站监控系统,负责对车站环境设备进行监控。

底层为环境设备监控系统,负责对现场各类环境设备进行实时就地监控。

2. BAS系统结构图

BAS系统结构图如图8-2所示。

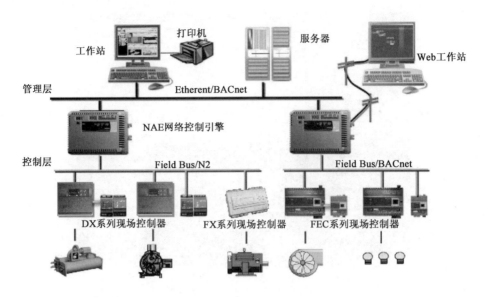

图8-2　BAS系统结构图

3.监控画面级别及名称

(1)中央级人机界面(HMI)

中央级监控系统具有车站级的全部监视功能,可以监视全线各区间隧道通风及各类设备的运行状态;监视全线各车站的通风、空调、给排水、电扶梯、照明、人防门、安全门等设备的实时运行状态及故障报警,监视、记录各站站厅、站台温度传感器、湿度传感器及环境参数;可以对BAS系统及网络具有在线监视、自诊断、自恢复及在线修复功能,并可显示网络负荷情况。以沈阳地铁为例,如图8-3和图8-4所示。

图8-3　中央级BAS监控画面首页

(2)车站级人机界面(HMI)

车站级监控系统具有监视本车站的通风、空调、给排水、电扶梯、照明、人防门、安全门等设备的实时运行状态及故障报警,监视、记录各站站厅、站台温度传感器、湿度传感器及环境参数;可以对 BAS 系统及网络具有在线监视、自诊断、自恢复及在线修复功能,并可显示网络负荷情况。如图 8-5 ~ 图 8-10 所示。

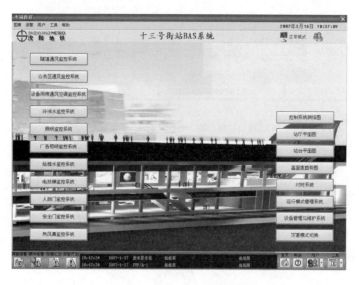

图 8-4　中央级车站监控画面首页

4. 综合后备介绍

综合后备盘(Integrated Backup Panel,简称 IBP),是为提高紧急情况下车控室值班人员的防灾救灾能力而设置的。当中央、车站网络或计算机设备发生故障时,车控室值班人员可通过 IBP 盘对车站重要的机电设备进行手动控制。

IBP 盘的操作盘面一般由钥匙按钮、指示灯、带灯按钮、标识等单元模块组成,采用固定框架整合而成。根据 IBP 盘的盘面布置大致可有两种形式:

集成模式:就是将车站的所有系统(或设备)的应急操作按钮和状态指示灯集成为一个操作盘,主要包括空调通风、给排水、动力照明、自动扶梯、安全门、门禁、人防门、防灾报警、自动售检票等系统和设备。

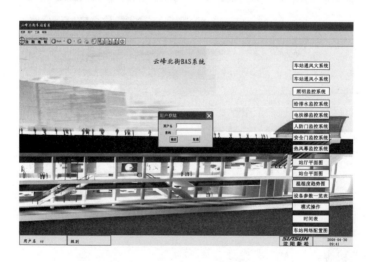

图 8-5　车站监控系统界面首页

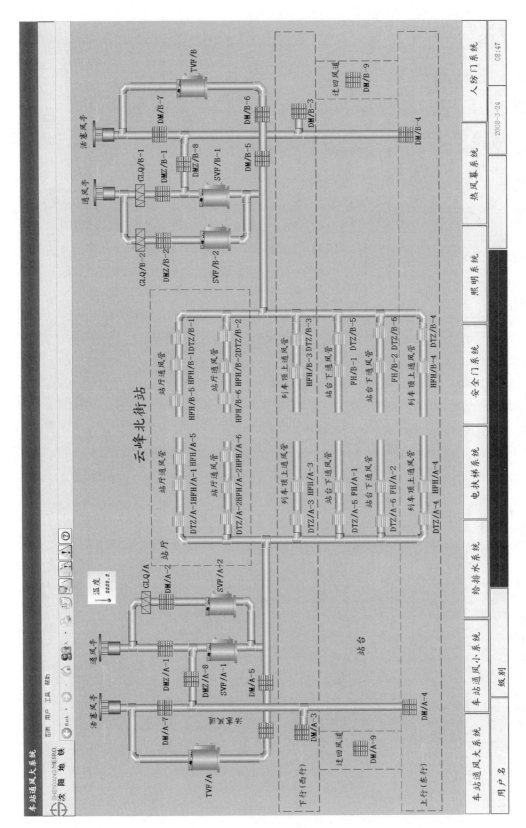

图 8-6 车站通风大系统界面

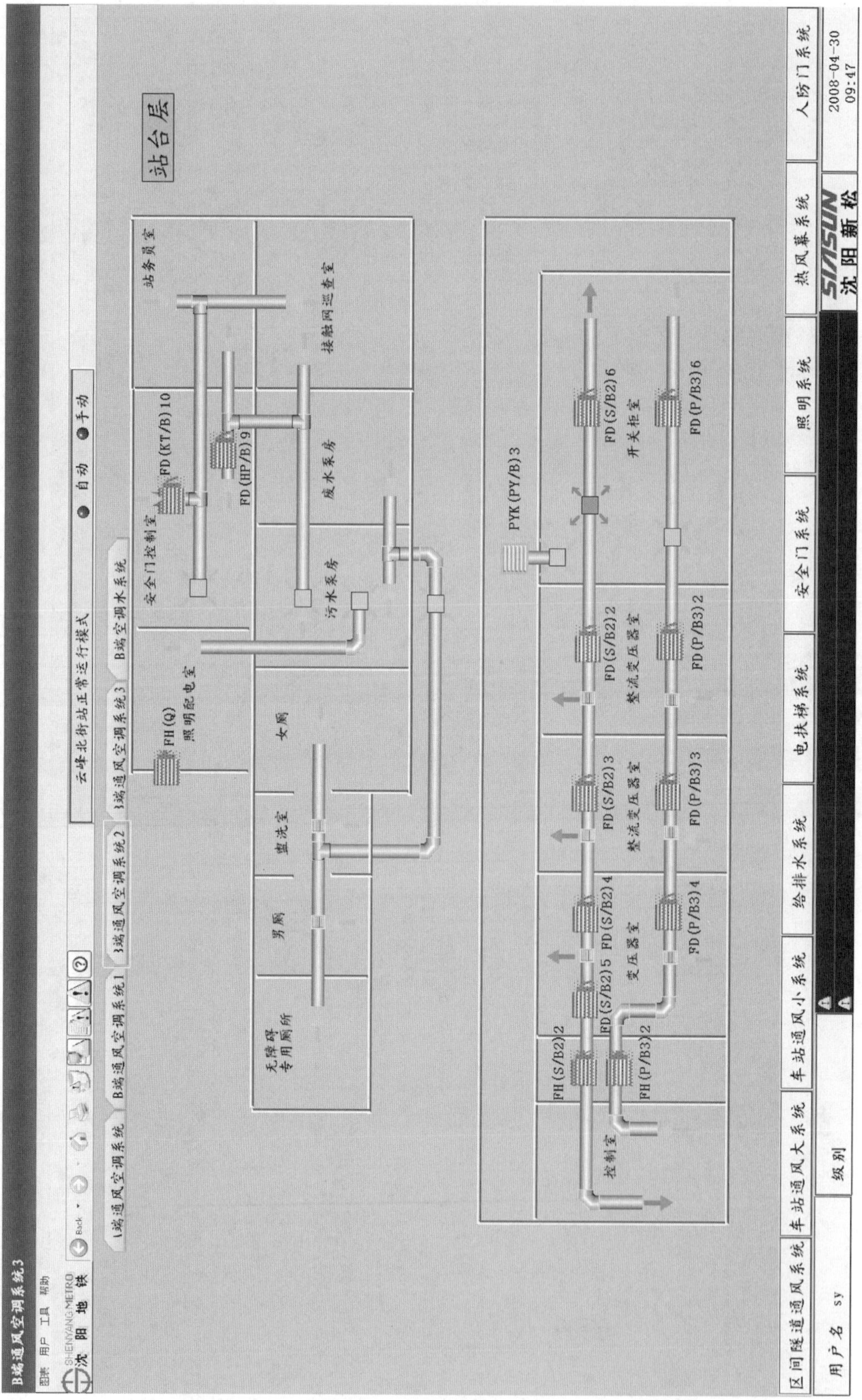

图 8-7 通风空调系统监控画面

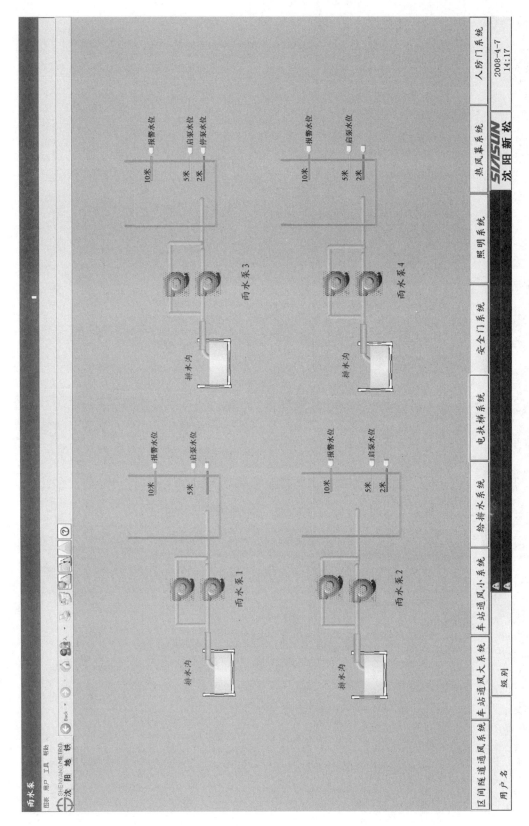

图 8-8 给排水系统监控画面

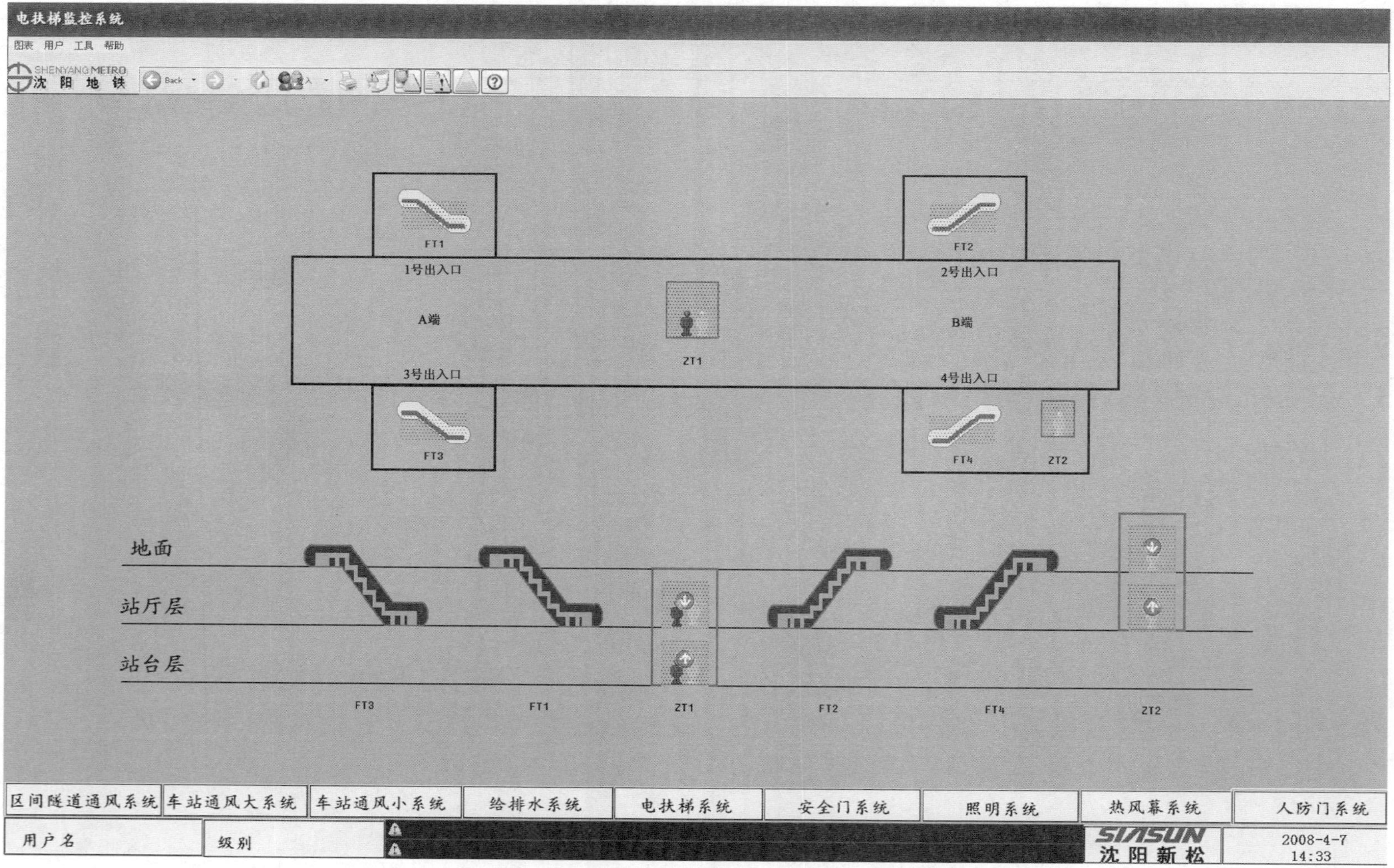

图 8-9 电扶梯系统监控画面

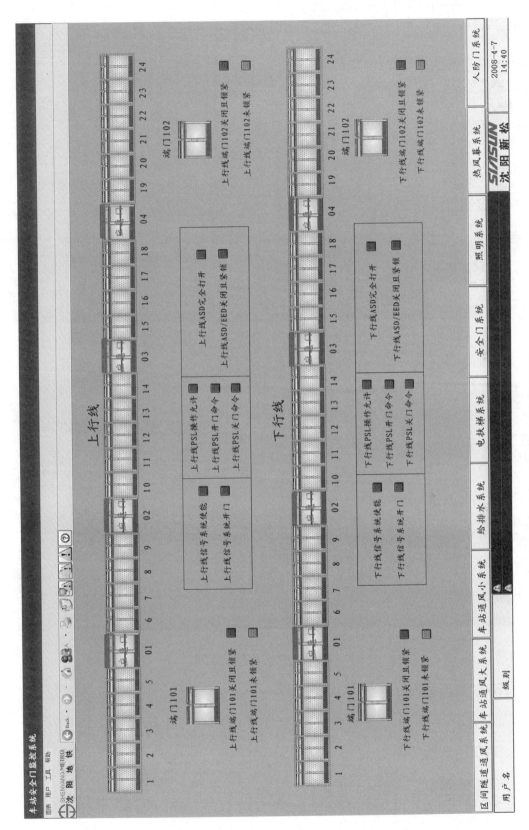

图 8-10 车站安全门系统监控画面

145

分置模式:是相对集成模式而言,就是 BAS 系统(通风空调、给排水、动力照明等)与其他系统(或设备)的应急操作盘各自独立设置。如图 8-11 和图 8-12 所示。

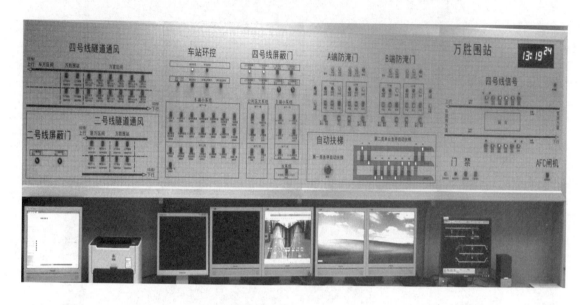

图 8-11　广州地铁四号线万胜围站 IBP

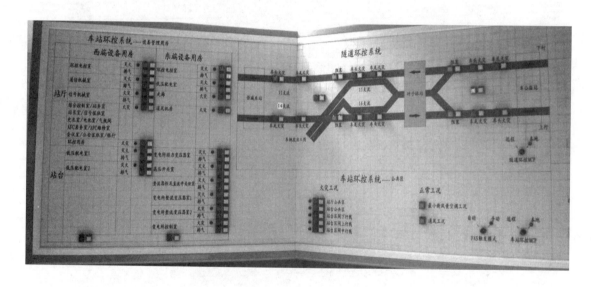

图 8-12　深圳地铁一号线竹子林车站 IBP

一、BAS 常用操作

略。

二、BAS 日常维护

（一）上位机维护

（1）不能随意插接 U 盘及移动存储设备交换文件,防止计算机中毒。

（2）一般情况下,建议服务器及工作站不能上网,不与一般非防护计算机联网,不能用上位机播放影音文件、打游戏。

(3) 做好卫生工作,防尘,防静电。

(4) 服务器不可拆卸。

(5) 做好系统备份及程序备份,防止计算机意外崩溃及中毒。

(二) 现场设备维护

1. DDC 控制器的维护

(1) 专人负责现场设备的维护,平时 DDC 柜应锁好,并保证 UPS 供电的安全。

(2) 保持 DDC 电源供电正常,定时检查电源质量情况。

(3) 定期检查 DDC 电源指示灯是否亮起。

(4) 定期检查供电电压是否正常。

(5) 做好防尘、防水、防潮措施,做好 DDC 控制柜的卫生。

2. 传感器的维护

(1) 风管温度及温湿度传感器:平时防尘、防水,检查固定是否牢固。

(2) 当温湿度显示不正常时,检查接线是否松脱,电源是否正常。

(3) 当温度显示不准确时,检查套管内有无积水,接线是否松脱。

(4) 风管压力及压差检测:检查连接尼龙管是否松脱,接线是否牢固,传感器固定是否牢固;当传感器检测异常,检查电源是否正常。

(5) 液位开关:定期检查浮球开关工作是否正常。

3. 电动阀门的维护

(1) 电动阀门要做好防水、防雨、防尘措施。

(2) 定期检查阀门动作是否正常。

(3) 当阀门不能动作,请检查供电是否正常。

(4) 当阀门动作异常时,请检查控制信号是否正常,常规为 0~10V 信号。

4. 网络控制器的维护

(1) 网络控制器放置位置及 IP 设置请参考资料文档。

(2) 整条网络或网关数据没有信号,或显示掉线,则需检查一下 IP 是否在线,否则请检查网络控制器供电状态,如供电正常则联系网络工程师协助解决。

三、BAS 常见故障处理

(一) 设备无法启动

(1) 检查信号点是否绑定准确无误。

(2) 检查信号点是否绑定准确无误。

(3) 设备转换开关是否打到自动位置。

(4) 接线是否松脱了。

(5) 控制器启停点是否动作。

(6) 继电器常开点是否闭合。

(7) 强电柜是否无电源。

(8) 强电电源线是否出现松脱。

(9) 强电二次回路是否出现问题。

注：任何设备在有故障时都无法开启，要开启该设备必须先将故障信号消除掉，这个问题只要按一下就热继电器上 Rest 即可。

正常处理方法如下：

（1）首先确定设备是否处在自动状态，如果设备处在自动状态还是无法进行启动。

（2）应检查启停信号有没有发出，如果启停信号已经响应而且现场还是无法进行启动。

（3）在上述两个条件都满足的条件下，发现现场设备还是无法启动，这时应检查强电二次线路，看线路是否出现松脱。

（二）传感器问题处理方法

1. 温度传感器异常问题处理

（1）检查信号点是否绑定准确无误。

（2）温度显示值有以下四种情况：零下几十度（说明线路出现开路）、150°（说明线路出现短路）、出现异常偏差度（说明线路出现虚接）、正常值。

2. 温湿度传感器异常问题处理

（1）检查信号点是否绑定准确无误。

（2）温度显示值有以下四种情况：零下几十度（说明线路出现开路）、150°（说明线路出现短路）、出现异常偏差度（说明线路出现虚接）、正常值。

（3）湿度显示值有以下三种情况：湿度没有值（说明没有工作电源）、湿度100%（说明该传感器湿度原件已经损坏）、湿度出现正常值（说明线路完好）。

3. 压力传感器异常问题处理（调试过程中用到的）

（1）检查信号点是否绑定准确无误。

（2）压力显示值有以下四种情况：压力没有数值（说明没有工作电源、连缓冲管的阀门没打开或者信号类型对应不起来）、压力数值偏大得多（说明量程选大了）、压力数值偏小得多（说明量程选小了）、压力正常。

4. 流量计异常问题处理（调试过程中用到的）

（1）检查信号点是否绑定准确无误。

（2）流量显示值有以下四种情况：流量没有数值（说明没有工作电源或者信号类型对应不起来）、流量数值偏大得多（说明量程选大了）、流量数值偏小得多（说明量程选小了）、流量数值正常。

5. 水流异常问题处理（调试过程中用到的）

（1）检查信号点是否绑定准确无误。

（2）状态没有：第一，水流状态安装反掉了；第二，叶片放置太多导致相应的推力无法迫使它动作；第三，叶片与缩接可能出现卡牢现象；第四，接线松脱；第五如果以上几点都是 OK 的，说明该点可能已经坏掉。

6. CO_2 异常问题处理（调试过程中用到的）

（1）检查传感器信号绑定是否准确无误。

（2）浓度显示值有以下五种情况：浓度数值一直为满量程（说明改温湿度传感器可能坏掉）、浓度没有数值（说明没有工作电源或者信号类型对应不起来）、浓度数值偏大得多（说明量程选大了)、浓度数值偏小得多(说明量程选小了)、浓度数值正常。

7. 执行器无法动作原因

(1)检查执行器信号绑定是否准确无误。

(2)执行器安装是否正确牢固,是否出现卡牢现场。

(3)有没有工作电源(AC24V 电源)。

(4)有没有控制信号(直流 0~10V 或者 2~10V)。

(5)接线是否正确。

(6)接线是否松脱。

(7)控制信号是否选择正确无误。

(8)如果控制信号强制,而且模块没有输出信号,那模块底座也可能坏掉了。

(9)如果上述原因都没有,该执行器可能已损坏了。

注:执行器务必要装在空调机组的回水管上,这样可以缓冲水的压力,除此,执行器不能安装在水管的下方,凝结水会沿着水阀流向执行器,进而导致执行器烧坏。

(三)访问服务器(Server)的问题处理方法

(1)要确认两台电脑或者多台电脑在同一局域网内。

(2)防火墙要关闭。

(3)必须在服务器(Server)开启时,工作站(Station)才能进行访问。

(4)电脑如果无法访问,首先测试一下网线是不是已经联通,具体方法如下:

①点击"开始"菜单,如图 8-13 所示。

图 8-13　开始菜单

②" 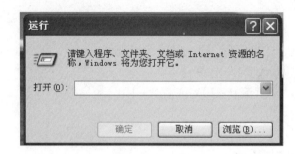"菜单如图 8-14 所示。

图 8-14　运行菜单

③在图 8-14 输入"ping 192.168.1.4"之后按回车键,出现图 8-15 所示界面。

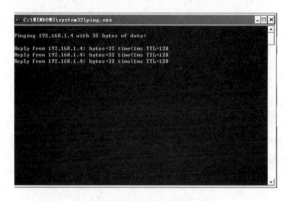

图 8-15　ping 命令

④出现上述界面说明网线是 OK 的。

环境与设备监控系统维修工单见表 8-1。环境与设备监控系统设备设施保养记录表见表 8-2。

维修工单

表8-1

____年__月__日__时__分 至__时__分

作业令号	修程	作业周期	工作内容	质量标准及要求	完成情况（正常打√，异常打×）	作业地点	设备编号	备注
			工作站（中央及车站）	检查开机程序、操作系统； 检查车站级与中央级通信； 检查车站与中央级（控制中心）系统多级网络控制的通信是否正常； 检查系统符合监控功能及程序执行情况； 检查系统报警、信息打印情况； 打印机检查； UPS供电检查； 鼠标、键盘检查； 检查直接数字控制器时间同步				
			温度传感器	检查工作点温度测点测量情况； 冷热管道侵入式温度传感器； 密闭/新风系统风管温度传感器和室内CO_2/温度传感器				
			湿度传感器	检查工作点湿度测点的测量情况； 检查新风系统的室外风管湿度传感器				
			压力传感器	压力传感器外观安装检查； 压差信号检查； 压力传感器电源检查和接线检查				
			控制开关	在工作点上检查水流开关、液位开关、压差开关工作情况				

作业时间

续上表

作业令号		作业时间	年__月__日__时__分 至 __时__分	
修程	作业周期		作业地点	设备编号
工作内容		质量标准及要求	完成情况（正常打√，异常打×）	备注
直接数字控制器		控制器箱及箱体密封检查； 控制器供电电缆检查； 控制器电源变压器检查； 检查所有输入/输出信号线的连接		
直接数字控制器		检查BAS系统控制器接线； 接地测试		
作业安全措施				
检修前存在的问题				
检修中存在问题及处理情况				

作业工具及耗材				备用配件			
名称	单位	数量		名称	单位	数量	

作业人员姓名（不得代签）
共计____人

检修负责人：　　　　　　　工班长：　　　　　　　工程师：
日　期：　　　　　　　　日　期：　　　　　　　日　期：

设备设施保养记录表　　　　　　　　表8-2

设备类型		保养时间	年　月　日
保养类型		保养人	
保养设备			
保养内容			
配件更换			

参 考 文 献

[1] 中华人民共和国国家标准. GB 50490—2009 城市轨道交通技术规范[S]. 北京：中国建筑工业出版社,2009.
[2] 中华人民共和国行业标准. 建标 104—2008 城市轨道交通工程项目建设标准[S]. 北京：中国计划出版社,2008.
[3] 朱济龙. 城市轨道交通车站机电设备[M]. 北京：机械工业出版社,2012.
[4] 何宗华,汪松滋,何其光. 城市轨道交通车站机电设备运行与维修[M]. 北京：建筑工业出版社,2008.
[5] 华文静,李旭宏,朱彦东,等. 我国城市地铁设备维修保养模式探讨[J]. 都市快轨交通,2004,17(6):60-63.
[6] 章扬,陈辉. 综合监控系统下的地铁设备综合维修管理[J]. 城市轨道交通研究,2008,11(11):59-61.
[7] 张凌翔. 现代城市轨道交通系统的设备管理[J]. 城市轨道交通研究,2002,5(2):17-22.
[8] 人力资源和社会保障部教材办公室. 机电设备检修工(车站设备监控系统检修)[M]. 北京：中国劳动社会保障出版社,2012.
[9] 张庆贺,朱合华,庄荣,等. 地铁与轻轨[M]. 2 版. 北京：人民交通出版社,2006.
[10] 高峰,梁波. 城市地铁与轻轨工程[M]. 北京：人民交通出版社,2012.
[11] 王明年. 城市轨道交通地下车站设计与施工[M]. 北京：科学出版社,2014.
[12] 谭乘明. 城市轨道交通运营设备综合管理[J]. 都市快轨交通,2010,23(4):8-12.
[13] 赵宏宇. 地铁车站机电设备维修模式探讨[J]. 中国新技术新产品,2010(6):159-160.
[14] 上海申通地铁集团有限公司. 城市轨道交通车站机电设备(城市轨道交通专业培训系列教材)(BZ)[M]. 北京：中国铁道出版社,2013.